幸運が一生続く
スピリチュアル女子のルール

Spiritual Girl's Rule

はづき虹映

Kouei Hazuki

きこ書房

幸運が一生続く
スピリチュアル女子のルール

Spiritual Girl's Rule

プロローグ

今、かつてない「スピリチュアルブーム」です。

「目に見えない世界」のことに多くの人が関心を持つようになるのは喜ばしいことですし、こうした本質的なことにスポットが当たるのは、それだけ社会が成熟し、人々の意識が高まってきている証でもあると想います。

ですから、この業界？　に身を置くひとりとして、この流れは大いに歓迎していますし、すばらしいことだと想っています。総論的には…（笑）。

しかし一方で、私は「スピリチュアル」が「ブーム」になるのは違うとも想っています。「ブーム」を辞書でひくと、「ある物が一時的に盛んになること。急に熱狂的な人気の対象となること」と書かれています。盛んになったり、人気の対象になるのは構いませんが、それが「一時的」や「急激」では困ります。「スピリチュアル」とは、そういうものではありません。

私が考える「スピリチュアル」とは、「生き方の指針」「生きるためのベースになる智慧」「人生のナビゲーションシステム」のようなものだと想っています。

なので今、ブームだからといって、パワースポットに長い行列ができたり、スピリチュアル特集の雑誌が完売したりするのは、ちょっと違うような気がします。

もちろん、そうしたブームがキッカケになり、より本質的なスピリチュアルに多くの人が目覚め、スピリチュアルな生き方が定着してくればいいことで、ブーム自体を否定するものではありませんが、危ういものが含まれていることも事実なので、そこはキチンと見極めておきたいところです。


本書はそうした「スピリチュアルブーム」の一歩、イエ半歩先を見据えてまとめてみました。現在の「スピリチュアルブーム」を支えているのは圧倒的に女性です。ですから、このブームの先…を見据えている聡明な女性の皆さんをイメージして、書き下ろしてみました。


21世紀は間違いなく、「女性の時代」です。

本文でも触れていますが、1999年までの一千年間は、年号の最初にずっと「1」が付いていました。この千年間は、数字の「1」に象徴されるいちばんを目指して競い合う、「男性性・男性原理」が中心の「男性主導」の時代でした。

それが二千年代に入り、今度は数字の「2」に代表される調和・協調を重んじる、「女性性・女性原理」の時代に大転換しました。これは本当に大きな変化なのです。

2000年から始まった「女性の時代」の波にのるコツは、ズバリ！「女性性の解放」。「女性であることを心から楽しみ、女性性を自由に表現すること」です。

こうした背景を踏まえてみると、今ここで女性を中心に「スピリチュアル」がブームになるのも決して偶然ではありません。イエ、極めて必然…。ある意味、「スピリチュアル」に惹かれる女性の感性は極めて自然のなりゆきだといえるでしょう。

だからこそ、これをブームで終わらせてはいけないと想うのです。

もちろん、ブームで終わることは決してないと、私は確信しています。

このブームが去ったあとに来るものこそ、「真のスピリチュアルイズム」だと私は想います。

そして、その「真のスピリチュアルイズム」に目覚め、これからの時代をリードしていくのは、間違いなく女性の皆さんです。

男性はそうした女性を裏からサポートしていく役割に転換していくことになると、私は確信しています。

その想いこそ、私が今このタイミングで、本書を書き下ろすことになった原動力、強いモチベーションにほかなりません。

「真のスピリチュアルイズム」とは、何も特別なことではありません。

ある意味、「現代版道徳」と言うべき、昔の人の知恵の集大成であり、誰でも理解できる、「極めて当たり前だけど、本当に大事なこと」にほかなりません。

本書ではそうした「極めて当たり前だけど、本当に大事なこと」を現代風にアレンジして、理解しやすいように「ルール化」してまとめてみました。


私はすべての女性が、「スピリチュアル女子」。つまり「スピ女」だと想っています。

「女子」に生まれたというだけで、あなたは間違いなく、スピリチュアルな存在なのです。

今こそ、そのことを受け容れ、よりスピリチュアルに輝く時が訪れているのです。


女性がより女性らしく…。

自らの女性性をあるがままに受け容れ、今までの男性社会の中で抑圧されてきたエネルギーを解放し、女性性に磨きをかけ、女性であることの喜びを味わい、女性としての人生を存分に楽しむ時代の到来です。


いづれにしても、すでに時代の大きな流れは変わっています。

この流れは今後千年間、変わることはなく、あとは加速するのみ…。

「スピ女」の皆さん、お楽しみはこれから…です!

はづき　虹映　拝

幸運が一生続く
スピリチュアル女子のルール

もくじ
&
「スピ女度」チェックシート

できている、あてはまると思われるルールの□に
チェックを入れてみましょう。
あなたはいくつマスターしていますか？

Chapter 2　Spiritual Beauty
スピリチュアル・ビューティー

Chapter 3　Spiritual Sex
スピリチュアル・セックス

Chapter 4　Spiritual Emotion
スピリチュアル・エモーション

Chapter 5　Spiritual Money
スピリチュアル・マネー

Chapter 6 Spiritual Reading
スピリチュアル・リーディング

Chapter 7 Spiritual Communication
スピリチュアル・コミュニケーション

Chapter 8 Spiritual Healing
スピリチュアル・ヒーリング

Chapter 9 Spiritual Aura
スピリチュアル・オーラ

Chapter 10　Spiritual World
スピリチュアル・ワールド

カバー・本文イラスト／大野　舞（Denali）

Introduction

宇宙の法則

宇宙の7つの法則

「スピ女のルール」をはじめる前に、
この宇宙全体に通じる「７つの法則」を紹介します。
これはすべての「スピ女のルール」に関わる
前提条件のようなもの…。
この「宇宙の７つの法則」を覚えておいて、
実践することができれば、
それだけであなたは立派な「スピ女」といえます。
「スピ女」としての必須ルール。
まずはこの「７つの法則」から始めましょう～。

宇宙の法則

1

エネルギーのルール

この世のすべてはエネルギーでできています。

いいですか…？

本当に「すべて」ですよ。


この世に存在するものは、すべてエネルギーを持っています。

「モノ」だけではなく、「コト」もそうです。

目に見える物質的なモノだけでなく、目に見えない感情や思いなども、すべてエネルギーを持ち、エネルギーで成り立っています。

目に見える物質や現象は、目に見えない感情や思いのエネルギーが現象化したもの…。凝り固まったものといってもいいでしょう。


物理学的には、この世のすべての物質は原子から成り立っているといわれています。陽子と中性子から成る原子核の周りを、電子が回っているモデルを化学や物理の時間に学んだ記憶がある方も多いでしょう。

その時は「そんなモンか～」とサラッと流してしまったかもしれませんが、これは改めて考えてみると、本当にスゴイことなのです。

すべての物質は原子というミクロの世界では常に動いているのです。

「動いている」＝「エネルギーがある」ということです。

生き物はもちろん、イスや机、カバンや洋服、車や家といった命がないモノであっても、ミクロの世界ではエネルギーを持って、絶え間なく動いているのです。

さらにすべてのエネルギーは、機械的な均一の動きではなく、波のようなゆらぎを持って、動いています。その「波のような動き」のことを「波動」と呼びます。

そう、この世のすべて、あらゆることは「波動」と呼ばれるエネルギーによって、成り立っているのです。

これがすべての現象、コト、モノに共通する大前提であり、大原則。

本当にひとつ残らず、すべてはエネルギーなんです。

宇宙の法則

2

磁石のルール

同じものは引き合い、
違うものは排斥し合う。
すべての現象は自らが引き寄せた結果です。

「類は友を呼ぶ」ということわざがあります。

これを「友」だけではなく、すべての現象を対象に拡大させたものが、「磁石のルール」にほかなりません。

「宇宙の法則」とは、「宇宙すべて」を網羅し、宇宙全体を対象としたルールですから、そこに例外や特別は存在しません。

テレビが映る仕組みは、テレビアンテナから、放送局と同じ周波数の電波を発信することで、アンテナの電波と放送局側からの電波が、同調・共鳴するから受信した画像が映るのです。

たとえば8chの番組を見ようと思えば、こちら（テレビ）側から先に、8chの放送局と同じ電波を発信しなければ、番組を受信する（引き寄せる）ことができない仕組みです。

この世で番組を提供してくれるのは、宇宙の仕事。

宇宙はありとあらゆる番組を用意してくれていますが、「チャンネルの選択権」はあくまでこちら（私たち）側にあるのです。

「引き寄せの法則」とは、自らが強く思い、意図した現象を磁石のように引き寄せる力が、私たちにあることを教えてくれています。

宇宙には絶対的な「良い・悪い」はありません。ただ単純に自らが最も強く想ったことに対して、放った意図にふさわしい現象が、磁石のように引き寄せられることになるだけです。

つまり、自分に起こった現象や出来事を客観的に見れば、自分がどんな思いのエネルギーを発信し、何を強く引きつけようとしていたのかがわかる…というシンプルな仕組みで、宇宙は成り立っているのです。

宇宙の法則

3 鏡のルール

自分の周りにあることはすべて自らの内面が映し出されたもの…。目の前の相手、現象は自分の鏡、一部です。

私たちが他人だと想っている相手、自分の外側で起こっていると想っているあらゆる現象は、実は私たち自身の内面（意識・想い・感情）が映し出されたもの、「投影」に過ぎません。ゆえに、残念ながら？　私たちに見えていることで、「自分には関係ない」と言えるものは何ひとつありません。

すべての現象は自らの内面の「投影」なのですから、私たちの誰もが内側で見たいと想ったものを外側に見、聞きたいものを聞き、体験したいことを体験しているといえるでしょう。そう、そういう意味では全く、「人生はすべて想いどおり」。

100%自己責任であり、すべての人がうまくいっているともいえるのです。

「鏡の法則」を言い換えると、「投げかけたものが返ってくる。投げかけなければ、返ってこない」といってもいいでしょう。自分の出したエネルギーが鏡に反射されて返ってくるようなものです。すべてのエネルギーは出すのが先。こちらから先に出さないと、向こうからは何も返ってきません。自分の外側から何らかのエネルギーが返ってきている、他人という鏡に何か映し出されている…ということは、こちらから先にそれに見合うエネルギーを出したからにほかなりません。

鏡に映っている現象は虚像です。その虚像のほうに一生懸命、働きかけてみても何も変わりません。鏡に映っているのは自分自身なのですから、鏡の中の現象、虚像を変えたければ、実像である自分自身のほうを変えなければ、鏡の中の現象が変わるハズはないのです。実際に起きている現象は「結果」です。「原因」は常に自分の内側、自分自身の中に在ります。

すべては自分事。身の回りに起こることで、自分以外のセイにできることなど、この世には何ひとつありません。

宇宙の法則

4

ステージのルール

エネルギー自体には「良い・悪い」などという差はありません。しかし、明らかにステージの「違い」は存在します。

宇宙には私たち人間が考えているような、絶対的な善悪の基準などは存在しません。もし最初から、宇宙に絶対的な善悪があったとしたら、「絶対的な善」や「絶対的な悪」が生まれることもないでしょう。

その現象が現実に存在するという事実が、「宇宙がそれを認めている…」ということの証明だといえます。

宇宙にあるのは「差」ではなく、「違い」です。それはある意味、進化のスピード、プロセスやステージの「違い」だといってもいいでしょう。

「磁石のルール」でも触れたとおり、当然、同じステージにいる者は集まりやすくなります。

スピリチュアル的にみれば、今、自分の身近にいる縁の濃い人は、同じステージにいる「ソウルメイト（魂の仲間）」だといえるかもしれません。

ステージの優位者には、あとからくるもの（劣位者）に対する「責任」が発生します。

現在の地球上で最も進化した存在である私たち人間は、地球上のあらゆる存在に対して「責任」があるのです。

進化するということは、このステージが変わるということ。

ステージを変えるコツは「平行移動」ではなく、「垂直移動」を目指すこと。

さまざまな体験を通して、人格を磨き、キャパシティを広げ、より軽く明るくなっていくことが、「垂直移動」につながります。

進化して、ステージが上がれば上がるほど、「自由度」が拡大します。

進化するほど自由になります。

より自由になっていくことが、ステージが上がった証拠となるのです。

宇宙の法則

5

タイミングのルール

この世には「偶然」や「たまたま」はありません。すべては必然、ベスト。絶妙のタイミングで起こるべくして、起こっています。

にわかに信じ難いかもしれませんが、この世には「偶然」や「たまたま」はありません。

あらゆる出来事が、「必要・必然・ベスト」の、「ちょうどよいタイミング」で起こっているのです。

「意味のある偶然の一致」のことを、「シンクロニシティ（共時性）」と呼んだりしますが、実際は「意味のない偶然」など存在しませんし、もともと「偶然」自体が、宇宙には存在しないのです。

すべての出来事は早からず、遅からず、ちょうどよいベストのタイミングで起こるべくして、起こっています。

そう考えると、自分に起こった出来事に対して、文句を言ったり、責任転嫁するのが、どれほど不自然なことかがわかるでしょう。

雨が降っても、雪が降っても、それはその時の自分にとって、ベストなことが絶妙のタイミングで起こっているだけのこと…。

今の時代に生きている人はすべて、自らの意志で、今このタイミングを狙って生まれてきています。生まれてくる環境、国、時代、親などもすべて自ら決めてきているのです。

特に宇宙規模での大転換点である、この21世紀の初頭、この「タイミング」を狙って、この時代、この日本という国に生まれ、今この本を手に取って読んでいることも決して偶然ではありません。

それこそがまさに「ベストタイミング」です。その「本当の意味」を想い出すことこそ、「スピリチュアルな知恵」を学ぶ真の目的だといえるでしょう。

宇宙の法則

6

プロセスのルール

すべては永遠にまわる輪のよう。
はじまりもなければ、終わりもない…。
すべては「途中」プロセスに過ぎません。

すべての現象は、変化の途中。全体の一瞬を切り取ったものに過ぎません。
すべては「プロセス」という名の「永遠の輪」の一部であり、そこだけ切り取ってみても、本当は何の意味もありません。

「命（人生）」に終わりはありません。
「死」＝「命の終わり」ではないのです。
「死」も命が生まれ変わるための「途中・プロセス」の一部に過ぎません。
すべての命、宇宙自体も、生成発展の途中（プロセス）にいるだけで、厳密には始まりもなければ、終わりもないのです。


ですから、あらゆる現象を「原因と結果」に厳密に分けることなどできません。

ひとつの「結果」は次なる「結果」を生む「原因」となり、その「原因」がまた新たな「結果」を生みだすことになるのです。


そこでは『ドミノ倒しの法則』が成り立ちます。

人生は「ドミノ倒しゲーム」のようなもの…。

ムダな出来事、不要なもの・ヒト、どうでもよい現象など、ひとつも存在していません。人生で起こるすべての現象は、同じ色・形・大きさの等しい「ドミノ」のワンピースにほかなりません。そのドミノが絶え間なく倒れ続けていく状態を、私たちは人生と呼んでいるのです。


覚えておいてください。「結果」という現象・状態は宇宙には存在しません。

「結果」など端からないのですから、「結果」を求めたり、「結果」にこだわる必要なんてないのです。

宇宙の法則

7

バランスのルール

すべてのエネルギーは、揺れたり、戻ったりしつつ、バランスをとっています。すべてのエネルギーの基本性質、それがバランス。

すべてのエネルギーは自然に「調和・バランス」を整えようとする性質をもっています。

寄せては返す波のように、エネルギーは常に揺れ動いていますが、極端に偏り過ぎたり、ひとつの状態で固定されているワケでもありません。それがすべてのエネルギーに共通の特徴であり、基本的な性質なのです。

私たちの身体・命には、「ホメオスタシス（恒常性）」の機能が備わっています。「恒常性」、つまり、「バランスを保とうとする力」のことです。

風邪をひくと熱が出るのは、体温を上げて免疫力を活性化させ、風邪のウイルスに対抗しようとする身体のメカニズム、つまり「ホメオスタシス（恒常性）」が機能しているからにほかなりません。

この「エネルギーがバランスをとろうとする方向性に働く力」が機能するのは、何も身体に限ったことではありません。

すべてのエネルギーにこの「恒常性」の機能は備わっています。

政治でも経済でも、お金でも感情でも、恋愛やパートナーシップなどの人間関係においても、そのバランスが崩れれば、それを元に戻そうとする力、バランスを保とうとする力が働くことになるのです。

上がりっ放しもなければ、下がりっ放しもありません。

「いいことだけ」もなければ、「悪いことしかない」のも存在しないのが、「宇宙の法則」。

上がったり、下がったりの変化を楽しみ、その間でバランスをとることこそ、「宇宙の法則」をフル活用するための最も重要な態度です。

幸運が一生続く
スピリチュアル女子のルール

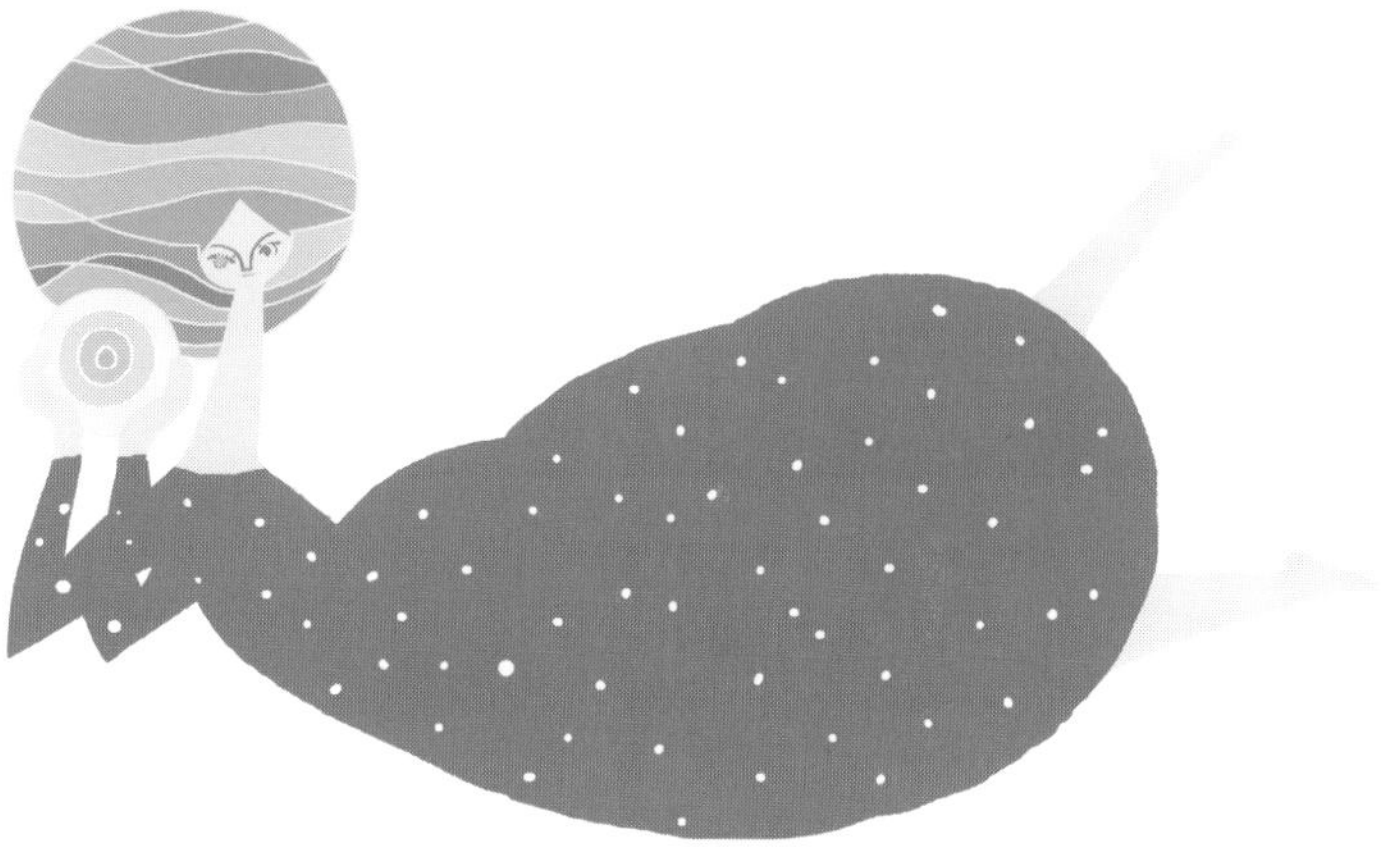

RULE

1

神様に頼らない

困った時の「神頼み」。
気持ちはわかりますが、
安易に神様に頼る前に、
あなたにできることは
すべてやり尽くしましたか?

神様は「頼る」ものではありません。

「頼ってはいけない」ということではありませんが、「頼る」前にやれること、やらないといけないことがたくさんあります。

自らベストを尽くすことなく、「じゃぁ、神様、あとはよろしく…」と、丸投げするように頼んでみても、うまくいくハズもありません。

それは神様との関係に限らず、親や兄弟姉妹、パートナーや恋人、上司や先生との人間関係においても同じこと。

丸投げするように「頼む」のは、頼っているのではなく、相手に依存し、責任を押し付けているだけに過ぎません。

さらに「鏡のルール」を当てはめて考えてみれば、すぐにわかることですが、相手は自分の内面を映し出している「鏡」の存在。

鏡に向かって、「あとはよろしく…」と頼んでみたところで、何も進展しないのは誰でもわかる理屈です。

神様とはどこか遠くにいる「絶対的な存在」などではありません。

神様とはいわば、この宇宙を構成する「全体・すべて」です。

あなたもこの宇宙の一部ですから、間違いなく神の一部であり、あなたの中にも「神様」が確実に存在していると知ることです。

「神頼み」の最も確実かつ、効率的な方法は、「神様」の一部であり、出先機関でもある「私自身」に頼むことです。

どこにいるのかよくわからない、会ったこともない「神様」に「頼みごと」をする前に、最も身近で、最もよく知っている「神様の一部」である、「あなた自身」に頼むほうがより確実で、何倍も効果的だと思いませんか？

RULE 2 神社でするのは感謝と宣言

神社でお願いごとをしても
うまくいきません。なぜなら、
神社にいるのは神様ではなく、
神の一部であることを想い出した
あなたなのです。

神社とは自らの神性に気付くための場所。

「自分が神の一部であった」ということを想い出すための「場のシステム」にほかなりません。

そこに「何か」があるワケではありません。

神社には拝むべき偶像も、ありがたい言葉が書かれた経典もありません。そこにあるのは大きな樹や水などの自然と、「鏡」だけ…。

自然のエネルギーに触れることによって、普段の「穢れ＝氣枯れ」の状態をリセットし、身に付いた邪気などを払い清めることで、「本当の自分」の状態を取り戻すための仕組みが「神社」というシステムです。


拝殿に鏡が置かれているのは、そのため…。

心身ともにリフレッシュして、「本当の自分」を想い出した自分の姿こそ、「神そのもの」です。だからこそ、拝殿には鏡しかないのです。

ですから、ワザワザ神社に行って、鏡に映った自分に頼みごとをしても意味がありません。

神社でするのは、「感謝」と「宣言」です。

自分の中にある「神性」に気付くと、自然と感謝が湧いてきます。

まず、感謝ありき。感謝が出てこないとすれば、それはまだ身が穢れている証拠。その状態でいくら願いごとをしてみても、叶うハズもありません。


自然に感謝が湧き出てくるようになれば、そのあとで「宣言」です。宣言とは、「大いなる存在」を前にした決意表明。「私はこれをします！」と、自らの意図を高らかに宣言することです。

自分自身に対する宣言であり、頼み事ですから、「〜しますように」と言ったり書いたり、お願いしてみても、効果が期待できないのは、おわかりいただけると思うのですが…。

RULE 3

お賽銭はすべらせて入れる

**お賽銭は自分に対する
決意表明の覚悟料。
あげるのではなく、
「もらっていただく」。**

お金を、お賽銭をあげるんだから、神様が頼みごとを聞いてくれて当たり前…と思っているとしたら、残念ながら大間違い。

はっきり言って、神様に「お金」など必要ありません。

「お金」が必要なのは、神社を維持管理するための人間です。お賽銭とは現実的なレベルで考えると、神社という場を管理してもらうための一種の寄付だといえるでしょう。


別の見方をすれば、お賽銭とは私たちの命が生きるための環境を整えてくれている宇宙や神様に対する感謝の対価にほかなりません。

空気や太陽の光など、命にとって本当に大事なものに対して、私たちは全く対価を支払っていないのですから、その代わりにお賽銭を出すのも悪くないと私は想います。

また別の見方をすれば、お賽銭は神様の前で自分の意図を宣言する時の覚悟料だといえます。

覚悟の強さとお金の大小は必ずしも比例するワケではありませんが、自らが人生の決意表明をするのに、本当に10円玉一枚でいいのかと言われれば、疑問です。


いづれにしても、お賽銭は何かのサービスと等価交換するために支払う対価などではありません。支払う側がエライわけでも、サービスを受けて当然というものでもありません。

お賽銭はあくまで、「もらっていただくもの」。ですから当然、放り投げるものではありません。

お金のエネルギーを気持ちよく先に出すことによって、エネルギーが浄化されることになるので、「浄財」と呼ばれるのです。

お賽銭はソッとすべらせて入れるのが、「スピ女」のたしなみというものです。

RULE

4

パワースポットにリセットしにいく

**パワースポットに
パワーをもらいに
行っている間は、
本当のパワーは
身につきません。**

今、「パワースポット」がブームです。

大自然の中には、確かに自然のエネルギーが集まりやすい場所というものが存在します。

大自然のエネルギー、パワーが集まる場所ということで、「パワースポット」と呼ばれていますが、この言い方がそもそも問題。

「パワー」と聞くと、多くの人は「ある・なし」や「大小」で判断しがちですが、大自然のエネルギーは優劣を競ったり、あげたり、もらったりするようなものではありません。

確かに小さな人間と大自然を比べると、大自然のほうが圧倒的にパワーがあるように思ってしまいがちですが、そうではありません。

大自然も、人間も同じ宇宙の一部。そのエネルギーに「違い」はあっても、「差」はありません。

大自然と人間のエネルギーとを比べた場合、一番大きな違いは、ニュートラル度です。

「ニュートラル度」とは、「いつも変わらず、同じ」ということ。

人間のエネルギーはその時々によって、大きく変化しますが、大自然のエネルギーは、基本的にいつも変わらず同じ。

ですから、人間は「いつも同じ、ニュートラル度の高いエネルギー」を持つ大自然に触れると、ニュートラルなエネルギーの状態を想い出し、「本当の自分」「元の気」に戻ることが容易にできるようになるのです。

自然からパワーをもらうのではありません。

あくまで自らのニュートラルな状態を想い出し、「本当の自分」にリセットするための場所。

「パワースポット」は、「ニュートラルスポット」「リセットポイント」と呼んだほうが、より適切だと想うのですが、イマイチでしょうか？（笑）。

RULE 5

先祖は敬うが、墓相は気にしない

私たちが肉体をもって、
この世に生きているのは
ご先祖様のお陰です。
ただ、ご先祖様はお墓に
いるワケではありません。

私たちの肉体は、両親につながるご先祖様から受け継がれたものにほかなりません。

三次元的にはまぎれもなく、その血のつながりがなければ、こうして肉体を持って生きていることができないのですから、そこに対する敬意と感謝の念は忘れないようにしたいもの。

ただし、先祖を敬うことと、立派なお墓を建てたり、頻繁にお墓参りに行ったりすることは、必ずしもイコールではありません。

「千の風になって」の歌詞ではありませんが、「そこに私はいません」は、そのとおりなのです。

立派なお墓を建てて、先祖供養にエネルギーを注ぐのも悪くはありませんが、それは亡くなって「あちら側」にいるご先祖様のため…ではなく、あくまで生きている「こちら側」にいる私たち自身のためにやっているということをキチンと認識しておく必要があります。

お墓を建ててご先祖様を供養するのも、はっきり言って、あちら側が望んでいることではありません。

それはあくまでこちら側がしたいから、やっているだけに過ぎません。

ですから、人生がうまくいかない原因を「墓相」や「先祖供養」のセイにするワケにはいきません。

当然、その手の類の脅し的なメッセージも全く気にする必要はありません。

もちろん、墓相や先祖供養が気になるのなら、気の済むようにやってみるのもいいでしょう。

しかしそれによって、何かが変わったとすれば、それはご先祖様に対するあなたの意識や想いが変わったから…。

あなたが幸せであることこそ、ご先祖様の望みであり、最高の先祖供養にもなるのです。

RULE 6 天気の悪口は言わない

「今日は雨が降っていて、
嫌なお天気ですね」
これが天気の悪口です。
天気は「天の氣」。
良い・悪いはありません。

あいさつ代わりについ口にしてしまう言葉の代表選手。それが「天気の悪口」です。

「今日は天気が悪いね」「嫌なお天気ですね」など、普段何気なく口にしている方も多いでしょう。

しかしこれがある意味、ツキを落とすネガティブワードになっていることに気付いてる人はそれほど多くはありません。

「天気」とは、「天の氣」。「神様の気持ちや恵み」「宇宙のエネルギー」といってもいいでしょう。

その「神様のエネルギー」に対して、「良い・悪い」と評価したり、「イヤだ」とか文句を言っているようでは、神様や宇宙のエネルギーを味方につけることはできません。

「晴れ」が「良く」て、雨が「悪い」ワケではありません。実際、雨が降らないと困ることのほうが現実的には多いでしょう。


確かに「傘をささないといけない不自由さ」や「洗濯物が乾かない不便さ」はあるかもしれません。

しかし、不便なことが「悪い」ワケではありませんし、何よりそれはあくまで、こちらの都合。

実際に雨の日でも傘をさす必要もなく、洗濯物を乾かす必要のない人だって存在しているのですから、そこに「文句」を言うのは、あくまで個人的な見解に過ぎません。

「天気」という「神の領域」の現象に対して、あーだ、こーだとグチや文句を言っているうちは、「神様」や「宇宙」といった「大いなる存在」からの応援は期待できません。

「晴れもよし、曇りもよし、雨もまたよし」です。結局、「降っても、照っても問題なし」。全天候型で参りましょう。

RULE 7

自分に都合のいいことだけ、引き寄せようとしない

マイナスから発した
「引き寄せ」は結局、
マイナスを引き寄せるだけ。
マイナスから始めないこと。

自分の考えたこと、話していること、行動などと同じ現象が磁石のように引き寄せられてくるという「引き寄せの法則」。これもまぎれもない、「宇宙のルール」のひとつです。

「マイナスのことを考えれば、マイナスの現象が…。プラスのことを考えれば、プラスのことが引き寄せられる。だから、プラス発想しましょう」と指摘されるワケです。

それは確かにそのとおりなのですが、ここで大事なポイントがひとつ抜け落ちています。

「そのプラス発想は、どこから生まれたプラス発想か…」ということです。

別の言い方をすれば、「そのプラス発想は、本当にプラスだといえるでしょうか？」ということです。

ここを間違えてしまうと、本人は一生懸命プラス発想しているつもりでも、実際に引き寄せられる現象は、マイナスのことばかり…ということにもなりかねないので要注意です。

そもそも自分にとって都合のいいことだけを引き寄せようとすること自体、真のプラス発想とは呼べません。

「都合のいいことだけ…」は裏を返すと、「都合のよくないことを遠ざけたい、逃げたい」という心理の表れ。

「都合が悪い」が先にあって、「都合が良い」を考えているとしたら、引き寄せられるのは、先に考えた「都合の悪い」エネルギーのほうになるのは避けられません。

マイナスから発したエネルギーに引き寄せられるのは、やっぱりマイナス。

マイナスをいきなりプラスにしようと無理するのではなく、一旦ニュートラルに戻すこと。「まあ、いいか…」から始めてみましょう。

RULE 8

ダイエットに熱くならない

やせること自体には
良い・悪いはありません。
ただ、何のために
やせようとしているのか、
そこが問題です。

肉体は「自分のもの」ではありません。

宇宙からの預かり物、あちらの世界に還る時には持っていけない、レンタル品です。

そのレンタル品である肉体をキチンとお手入れして、美しく保つためにメンテナンスをすることは、借りている側の責任、務めです。


「ダイエットは女性の永遠のテーマ」などといわれていますが、本当でしょうか?

歴史を振り返れば、ふくよかな女性がもてはやされた時代が確かに存在していましたし、今でも地域によっては「太っていること」が、女性のステイタスになっているところもあります。

今の自分に「ダメ出し」をして、だから「痩せたい、ダイエットしなければ…」という意識でダイエットに挑戦してみても、望む結果を手に入れることは難しいと言わざるを得ません。


ダイエットに関しても、「何のためにダイエットをするのか…」という動機、モチベーションが最も大事です。

そこが「今の自分がダメだから…」というマイナスから始めてしまうと、結果的にダイエットに成功して痩せたとしても、マイナスの状況は変わらず、逆に深刻化している可能性もあると覚悟しておく必要があります。


「からっぽの魂」が語源の、借り物の「身体」をお手入れすることは大切ですが、過度のダイエットは結局、自己否定につながるだけ…。

今の自分を否定して、別の自分になろうとしてみてもうまくいきません。

あなたは、あなた。まず、「あるがまま」の自分を受け入れること。

ダイエットもそこからスタートすることが肝心です。

RULE 9

眉《み》間《けん》（第三の目）を開ける

眉間の間にあるといわれる
「第三の目・第6チャクラ」。
ここを髪の毛で隠していると
直観力が働かなくなりますよ。

ヒラメキや直観力を養う超カンタンなトレーニングって、なんだか知っていますか？

ズバリ！　笑うことです。

眉間の奥には体内を活性化するホルモンを司る器官が備わっていて、眉間にシワを寄せると、そのホルモンの分泌が抑制され、反対に眉間を開けるとその流れが刺激され、活発になるという研究成果が出ています。

自らの能力を最大限に発揮しようと想えば、このホルモンの働きを活発化させること。

つまり、「眉間を開ける」＝「眉間にシワを寄せない」＝「笑う」という行為が、自らの能力を活性化させるための最も効率的なアプローチとなるワケです。

心理学的にみても、前髪を垂らしておでこや眉間を隠すのは、「自分の価値が認められない」「本当の自分を隠したい」というメッセージだといわれます。

もちろんファッションとして、前髪を垂らすのもアリですが、少なくとも「ここぞ」という時は、前髪を上げておでこを出して、髪の毛はまとめるように心掛けることが、「あなたらしさ」を発揮することにもつながるのです。

たとえば、和服に合う日本髪や巫女さんの髪形、キャビンアテンダントさんや高級ホテルのフロント係などの女性のヘアスタイルをイメージしていただくとわかりやすいでしょう。

彼女たちがなぜ、あんなヘアスタイルをしているのか、その理由を考えたことはありますか？　ステキに輝いている彼女たちが、「たまたま」、あの髪形をしているワケではありません。

彼女たちの笑顔がステキに輝いているのは、ひょっとすると、あの髪形のセイかもしれませんよ。

RULE 10

からだが喜ぶ食べ物を知っている

食べることは喜びです。
からだの声に耳を澄ませば、
何を食べればいいのかは、
自ずとわかります。

スピリチュアル好きな人の中には、「肉食をすると波動が下がる」と言って、肉食を敬遠し、極端なベジタリアン（菜食主義）に走るような方も見受けられます。しかし、「食べる」ことは、本来「喜び」なのです。

「対面同席五百生」という言葉もあるように、同じ食卓を囲むような親しい間柄は、すでに過去生で五百回も出会っているような本当に縁の濃い関係なのです。

そういう深いご縁で結ばれた人々と、食べ物に宿る「命のエネルギー」を分かち合うことは、生きる目的や喜びに直結する、とても大切な行為だといえるでしょう。

そこで、「肉食は波動を下げるから…」とか、「お肉を食べるなんて、レベルの低い…」などといって優劣をつけるのは、それこそ自らのステージを下げてしまうだけなので、要注意です。

自らの嗜好として、「肉食は苦手」とするのならわかりますが、そこにスピリチュアルな知恵を持ち出して、「良い・悪い」をつけるものではありません。

食事の基本は、命をいただくこと。「命の移し替え作業」そのものです。

そこに食材として、命を提供してくれた生き物に対する感謝と敬意を忘れてはいけません。

食べ物をアタマで食べてはいけません。

難しい理屈は抜きにして、提供された食事を美味しく楽しくいただくこと。

それがまず大前提。

あとはからだの声に素直に従って、自分がその時食べたいもの。美味しいと感じるのを家族や楽しい仲間と一緒にいただくことが、結局、からだにも、心にも、魂にも最高のご馳走になるのです。

RULE

11

心と身体をセルフ・ケアする

あなたの「心」も、
あなたの「身体」も、
ケアするのは、あなた自身。
他の誰にも頼るワケには
いきません。

「病は気から…」という言葉に代表されるとおり、心と身体は密接に結びついており、本来分けることはできません。

身体の調子が悪い時は、心のバランスも必ず崩れていますし、心が病んでしまうと、その不調は必ず、身体にも現れてくるものです。

「魂磨き」や「心のお勉強」など、内面を磨くことも大切ですが、それと同じくらい、自分の身体を常にお手入れし、見た目やファッションにも手を抜かないことも重要です。

いづれのケアもポイントは、「自分でやること」。

もちろん、やり方を教えてもらうのは構いませんが、必要以上に先生や友人などの他人を頼りにしないこと。

その教えてもらったやり方を実践するかどうかは、すべてあなた次第です。

「教えてもらったのに、やらない」のは、「知らなかったので、やれない」よりも、何倍も罪が重くなるので、要注意です。

他人が運動する姿を見ていても、あなたの健康度は決して上がらないのと同様に、スピリチュアルな知恵やヒーリングの手法を身に付けたとしても、それを日常で自ら実践し、自分の人生に使えないようでは、意味がありません。

スピリチュアルな知恵を実践し、内面が磨かれてくれれば、その内側の美しさは、必ず外側にも自然に現れてくるものです。

内も外も手を抜かず、しっかりと磨きをかけて、「どうしたの？　なんだか最近、キレイになったんじゃない？」と、周りの人から言われるようにセルフ・ケアに励むことこそ、「スピ女」の務めというものです。

RULE

12

グランディングする

今、目の前のことに
心を込めて、集中する。
日々、丁寧に暮らすこと。
普通のことを大事にする。
それがグランディング。

「神様」「宇宙」「大いなる存在」など、スピリチュアルな存在は上のほうにいるので、視点が上を向くのは悪いことではありません。

しかし、上ばかり向いていては、目の前の電柱や階段に気付くのが遅れて、大変なことになる可能性もあるので要注意です。


スピリチュアルな学びの過程において、「上」とつながることは大事な要素ですが、つながるべきは「上」だけではありません。

家族や友人、仕事上のおつき合いなど、人間同士の「横」のつながりも大切です。

さらに食事をしたり、肉体のお手入れをしたり、日常の雑事や農作業をこなしたりなど、「下」「地面」「地球」とつながることも忘れてはいけません。

「上・横・下」という三つの方向性と、バランスよくつながれているかどうかが大切です。


「下・足元・地球」とのつながりのことを「グランディング」といいます。これはまさしく、「地に足をつける」という意味。

ここがおろそかになってしまうのは、スピリチュアルな知恵を学び始めた人が最初に陥りやすい「エゴのワナ」だといえます。

「上」とつながることがレベルが高いワケではなく、「下」とつながるのは波動が低いワケでもありません。


そう考えるのは単なる特別意識。この世で肉体をもって生きている限り、誰しもこの「グランディング」から逃れることはできません。

まずは人として、目の前にあるフツーのことを誠実に対処すること。

日常を丁寧に暮らすこと。

これこそ、スピリチュアルな知恵を学ぶ「スピ女」にとって、最も大事なルールです。

RULE

13

呼吸法を身につけている

「息」は、「行来」。
「行って来る」のが、
息本来の働きです。
ゆっくり吐けば
あとは自然に入ってきます。

私たちは自分の意志で活動していると思っていますが、自らの意識で制御できる範囲はとても狭い領域です。

特にからだに関することなど、ほぼ9割が無意識の領域でコントロールされています。

その無意識の領域と顕在意識の領域の中間に位置し、二つを結びつけるのが「息・呼吸」です。

息は「自らの心」と書きます。私たちは息と共に、「自らの心」を出し入れしているのです。

人が生まれる瞬間の産声とは、息を吐くこと。人が亡くなる時は、「息を引き取る」の言葉どおり、息を吸って人生が終わるのです。

つまり、私たちの人生そのものが息と共にあり、私たちの息の仕方、呼吸法が自分たちの人生を創り、息の仕方にその人の生き方が凝縮されているといっても過言ではありません。

楽しく豊かな人生を送りたいと思うのなら、息を整えることです。人は深呼吸をしながら、同時に怒ったり、イライラしたりはできません。

怒ったり、イライラしている時の息は必ず浅く、短く速くなります。短い息は、短い命につながります。

長生きしたければ、常に長い息を心がけること。冗談ではなく、それが真理です。

息は「行来」。「行って来る」のが息の基本。長い息、深呼吸を心がけるのなら、まずは、しっかりと吐くこと。

吐く息に注目し、息をできるだけゆっくり長く、口から吐き切ることです。

しっかり吐き切れば、あとは吸おうと特に意識しなくても、自然に入ってきますから。

「すべてのエネルギーは出すのが先」が、宇宙の基本ルール。息もこのルールどおりです。

RULE 14

すべての病気はメッセージだと知っている

すべての出来事は
メッセージ。
病気はからだを通した
気付きのサイン。

「病気」のことをなぜ「病体」と書かないのか、不思議に思ったことはありませんか？

病んでいるのは身体なのに、なぜ「体」ではなく、「気」が病むと書くのか。

ここに深いメッセージが隠されています。


すべての病気は、「気」の滞りが原因です。

「気」つまり、エネルギーがスムーズに流れていないことが病気の原因で、その結果として身体に不具合が生じていることを、漢字を作った昔の人はちゃんとわかっていたということです。

ですからある意味、身体に出た症状そのものに対してアプローチしてみても、根本的な問題解決には至らないことを、「病気」という文字は教えてくれているのです。


すべての「病気」は気付きのためのメッセージです。身体はあなたに気付いて欲しくて、病気を通してサインを送ってくれているのです。

「身体」はあくまで「結果」です。原因のほうは「気・エネルギー」にあるのです。

その根本原因のほうに気付かない限り、何度でも同じ結果が…。つまり「身体の不調、病気、アクシデント」がくり返されることになるのは避けられません。


なぜ、気が病んでしまったのか？

どうしてエネルギーが滞っているのか？

病気は「ちょっと立ち止まって、真剣に考えてみましょう…」というサインにほかなりません。

病気になった身体のほうばかりに注目するのではなく、その原因である、目に見えない領域の心や気、エネルギーにもキチンと注目してみましょう。

「気付けば治る」は本当ですよ。

RULE 15

「恋」と「愛」の違いを知っている

恋と愛は違うエネルギー。
「恋」は「下に心」。
「愛」は「真ん中に心」。
「まごころ」です。

「恋愛」の「恋」と「愛」は全く別物。

ある意味、正反対のエネルギーだといえます。

ですから、本来「恋愛」をひとつのジャンルでくくるのは無理がある。本当はおかしいのです。


「恋」と「愛」の違いは、その漢字が端的に表してくれています。「恋」という字は、下に心。「あの人を振り向かせたい」「自分のものにしたい…」というエゴ的なエネルギーの象徴です。

これに対して、「愛」の字は、真ん中に心。

お互いが対等な関係で愛し愛され、「あなたも大事、私も大切」と互いを認め、分かち合う「まごころ」のエネルギーを象徴しています。


ただし、「恋」のエネルギーが間違いで、「愛」のエネルギーがより正しいと言っているワケではありません。「恋」と「愛」とではエネルギーの性質が違っており、必要とされるタイミングが違うだけのこと。そこに優劣はありません。

恋愛の初期は大きなエネルギーが必要とされるので、そこはエゴ的な「恋」のパワーの出番。

しかしいつまでも恋愛初期のラブラブパワーが続くワケではありませんから、どこかで「恋」から「愛」へのスイッチの切り替えが必要になるのです。


しかし今は、多くの「恋愛」に「愛」のエネルギーが不足しています。「恋」で始まり、「恋」の終わりと共に、「恋愛」も終わっているケースが多く見受けられますが、それでは本当の「恋愛」を経験したといえるかどうか…。


真実の「愛」とはもっと深く静かで、普遍的な「真ん中・ニュートラル」なエネルギー。

「恋」から「愛」に移りゆくプロセスをしっかり味わうことこそ、恋愛本来の目的だと想うのですが、どうでしょう…。

RULE

16

「結婚」を特別視しない

「結婚」を目的化しない。
「結婚」を美化し過ぎない。
「結婚」を意識し過ぎない。
たかが、結婚。
されど、結婚。

今、結婚というシステム自体が大きな転機を迎えています。「結婚しない人」がこれだけ増え、さらに高い離婚率があるという事実は、このシステム自体の在り方を根本から見直す時期にきているのかもしれません。

宇宙には当然、「結婚」というシステムはありません。「結婚しなければならない」というルールもありませんし、「離婚してはいけない」などという縛りもありません。「したければすればいいし、したくなければしなくてもいい」という自由が、宇宙の基本スタンスです。

ですから、「結婚しなければ幸せになれない」とか、「結婚こそ、パートナーシップの理想形」などという考え方は、あくまで私たち人間が作り出した妄想の類に過ぎません。

結婚という形は、人間関係での学びを加速させるためのひとつのゲームのようなもの…。

そのゲームに参加する、しないは個人の選択の自由です。

結婚がゲームだとすれば、そこに参加することと自体が目的になるのはおかしいですし、ゲームに参加したからといって、自動的に幸せや豊かさがもたらされると思うのも無理があります。すべては結婚というゲームとどんな態度で向き合うか、どう取り組み、そのゲーム自体をどう楽しむのか…というひとりひとりの姿勢にかかわっているのです。

残念ながら、結婚を美化し、結婚を人生の目的にするような時代はもう終わりです。

結婚にももっと自由で豊富なバリエーションが必要な時代が訪れています。新しい時代にふさわしい、新しい結婚の形は、私たちがこれから創っていけばいいのです。

RULE 17

女性であることを楽しむ

21世紀は間違いなく
「女性の時代」です。
女性性を開花させること。
それが時代の波にのるコツ。

1999年までの一千年間は、数字の「1」に象徴されるような「男性性・男性原理」が中心の「男性主導」の時代でした。

それが二千年代に入り、今度は数字の「2」に代表される「女性性・女性原理」の時代に大転換しました。これは本当に大きな変化です。

2000年から始まった「女性の時代」に波にのるコツは、ズバリ！「女性性の解放」。

別の言い方をするなら、「女性であることを楽しみ、女性性を自由に表現すること」です。この流れは今後一千年間、大きく変わることがないのは、プロローグでも書いたとおり。

女性の特徴である「生み、育み、サポートすること」や、「調和、受容、分かち合い」などが今後の時代の方向性を示すキーワードになるでしょう。

さらに「美しいもの、かわいらしいもの、おしゃれなもの」など、女性ならではの感性や女性らしさを自由に表現していくことが、これからの時代の波にのるためのコツになるハズです。

もちろん、男性が必要ないとか、劣っているというワケではありませんが、男性から女性へと時代の主役の座が交代するのは避けられません。

女性はより女性らしく…。

自らの女性性を磨き、女性であることの喜びを存分に味わい、女としての人生を楽しむことです。それはある意味、今までの男性社会の中で抑圧されてきたエネルギーを解放する時が訪れているともいえます。

男性は自分の中にある女性性に気付き、それを認め、癒すことが求められるでしょう。

いづれにしても、すでに時代の大きな流れは変わっています。この流れは、加速するのみ。

女性の皆さん、お楽しみはこれから…です！

RULE 18

ハグが好き

人として生きていくためには、

「つながること」。

「ふれあうこと」。

「ハグすること」は
欠かせません。

西洋には「人が人として生きていくためには、1日に4回のハグ（抱擁）が…。よりよい人間関係を築くためには、1日8回のハグが…。そして、よりスピリチュアル的に成長しようと思えば、1日12回のハグが必要である」という言葉が残されているそうです。

確かに西洋人にとってハグは習慣化されていますが、日本人にいきなり同じことを求めるのは無理というもの…。

もともと、日本人はハグの代わりに日本語を使うことによって、周りの人々とキチンとつながっていたのです。その理由をここで詳しく説明はしませんが、日本語が乱れてきた今、日本人でもハグする習慣を身につけることが求められているのは間違いありません。

まずは同性の間でハグすることを習慣にしてみましょう。会えば必ずハグすることです。

大げさに抱き合うのではなく、本当にあいさつを交わすような感覚で、お互いの背中に手を回し、胸と胸とを重ねてみるのです。

ハグをスピリチュアル的に解釈すると、お互いのオーラを交換する儀式だといえます。

「エネルギー的に相手のことを受け入れます」という意志表示がハグという行為の意味であり、そのために互いのハートの部分にある「第4チャクラ」をくっつけるように抱き合うことが、正しいハグの作法だといえるでしょう。

実際にハグをしてみると、いろいろ感じ、いろんなことがわかるハズ。ハグはエネルギーレベルでの有効なコミュニケーション手段。「習うより慣れろ」です。

まずはハグという行為自体を楽しむことから始めてみましょう。

RULE 19
愛のあるセックスをする

**セックスは「もろ刃の剣」。
悟りに至る行為にもなれば、
相手を深く傷つける
残酷な行為になることも…。
そこに愛はありますか？**

人間にとってのセックスは、子孫繁栄のための単なる生殖行為ではありません。そこにどんなエネルギーをのせるかによって、同じ行為でもまったく別物になる可能性があります。

「愛のあるセックス」をしようと思えば、普段から「愛のある言葉」を使い、「愛のある行動や習慣」を心がけ、「愛のある仕事」を持ち、「愛のある人間関係」を育むことが求められます。

残念ながら、セックスの間だけ、甘い言葉をささやいてみても、それだけでは「愛のあるセックス」とは呼べません。

セックスは「もろ刃の剣」。セックスの現場ではウソや隠し事は通用しません。

お互いの本音がさらけ出される、まさに裸の…、もっともピュアなコミュニケーションにほかなりません。

だからこそ、お互いが本音を分かち合い、「あるがままの相手」を受け入れた時、「ひとつになる」という感覚を味わえる、悟りにつながる神聖な行為にもなるのです。

同時に無防備な状態でいきなり急所を突くような、相手を深く傷つける残酷な行為になる可能性だってあるのです。

セックスレスになるのは、お互いが本音のコミュニケーションを避けている証拠。これ以上、傷つきたくない…というサインです。

セックスレスが間違っているワケではありませんが、真実の愛とは、その先にあることだけは忘れないようにしたいもの…。

セックスを必要以上に隠したり、遠ざけたり、あるいは特別扱いする時代は終わりです。

もっと自由に大らかにセックスのことを語り、愛のあるセックスを楽しんでもいいのです。

RULE 20

パートナーは「高性能の鏡」として大切にする

最も身近で濃い関係にある
パートナーは「高性能の鏡」。
見たくない部分まで、
はっきり、くっきり
映し出してくれる相手です。

残念ながら、パートナーに期待しても裏切られることになるだけです。「愛して欲しい」では、本当に愛されることはありません。

最も身近で濃い関係にあるパートナーはいわば、「高性能の鏡」、拡大鏡のようなもの…。

自分自身でもなかなか気付かないような隠れた部分や見にくい（＝醜い）部分まで、大きく拡大して映し出してくれているのです。

そこに映し出されているのは、まぎれもなくあなた自身の姿であり、相手の問題として切り捨ててしまうワケにはいきません。

夫婦や恋人、パートナーを得るということは、お互いが相手を通して、自分自身の本当の姿に気付いていくプロセスそのものです。

そこで互いに学び合う必要がなければ、パートナーになる必然性もなくなります。

言い換えれば、パートナーを得るということは、その関係の中で「学ぶべき課題がある」ということで、それを放棄したり、その課題から逃げてしまったりしては、パートナーシップの意味がありません。

パートナーシップとは、夫婦など男女関係に限定されるワケではありません。

しかし自分と比べて最も遠く、最も理解し難い存在である異性をパートナーに選ぶということは、それだけで「勇気あるチャレンジャー」だといえます。

男女のパートナーシップを選択した時点で、挑戦すべき課題はかなり難しく、超えるべきハードルも険しく高くなることだけは覚悟しておいたほうがいいでしょう。

互いのその勇気を認め、目の前の相手に感謝することが、真のパートナーシップへの第一歩となるのです。

RULE 21

「人間関係の力学」を知っている

すべてのエネルギーは
バランスをとる方向に
動く性質を持っています。
人間関係においても
それは例外ではありません。

あらゆる人間関係に潜む「力学的法則」が存在します。ひと言でいえば、「人間関係においても、無意識のうちにバランスをとろうとする力が働く」ということです。

たとえば、ポジティブで自立型の男性のパートナーには、得てしてネガティブで依存型の女性が選ばれる傾向があります。

出会った当初は、それほどはっきりとした役割分担ではなかったかもしれませんが、パートナーシップが長くなるにつれ、お互いの役割は明確に色分けされてくる傾向は否めません。

これは宇宙のルールのひとつである「バランスの法則」が、人間関係の間でも成り立っている証拠。パートナーのどちらか一方が、ある一方向に強く引っ張ろうとすると、片方は二人のエネルギーバランスをとるために、その逆方向に引っ張らざるを得なくなるのです。

これは「良い・悪い」というレベルではなく、ほとんど無意識のうちに働く法則です。

ですから、ポジティブで自立志向の男性が、ネガティブで依存型の女性を切り離したところで問題が解決するワケではありません。

人間関係の力学が働いているということは、「エネルギー的なバランスが偏っている、崩れている」というサインなのです。

そこに気付いて、自らがそのエネルギーの偏りを修正し、「真ん中」を意識し、そこに戻ってこない限り、相手を変えてみたところで、同じパターンがくり返されることになるだけなので要注意です。

この人間関係における「力学的法則」。

男女間のパートナーシップだけでなく、すべての人間関係に当てはまるので、ぜひ覚えておきましょう。

RULE 22

素直にあやまる

「素直」とは、
「素《もと》と直《じか》につながること」。
「ごめんなさい」は
素と直につながる
「魔法のじゅもん」です。

「ごめんで済むのなら、警察はいらない！」などというセリフもありますが、大抵のことは素直にあやまれば、済むものです。

冷静に考えれば誰でもわかることですが、すでに起こってしまったことは、取り返しがつきません。

起こってしまったトラブルやアクシデントに対して、どうアプローチすればいいのかといえば、素直にあやまり、最善の方法を探し、具体的に対処していくしかありません。

起きてしまった出来事に対する最善の、最初の対処法とは「素直にあやまる」ことなのです。

もちろん、自分は悪くない…、自分のセイではない…という現象もあるでしょう。しかし、少なくとも相手があなたにも非があると訴えているのなら、それが相手にとっての真実なので、謙虚に受け止める必要があるでしょう。

そもそもすべての人間関係は、自分の内面を映し出す鏡なのですから、自分の中に罪悪感がひとかけらもなければ、責められるハズもありません。相手から責められていると感じていることこそ、自分の中にある罪悪感に気付くチャンスなのです。

相手から責められたら、自分の正しさを主張したり、相手を責め返したりするのではなく、まずは素直に「ごめんなさい」と謝ることです。

「ごめんなさい」は、素（モト）と直（ジカ）につながるための「魔法のじゅもん」です。

宇宙や神様、大いなる存在という「素（モト）」とは、誰かを経由することなく、自分で直接つながることが大切です。

「ごめんなさい」は、そのための「じゅもん」。素と直接つながれば、目の前の相手とつながることもカンタンです。

RULE 23

「好き・嫌い」を認める

**「好き・嫌い」は感情です。
良い・悪いをつけず、
ただ、素直に認めてやれば、
いいのです。**

「好き」が正しくて、「嫌い」が間違っているワケではありません。

「好き・嫌い」は「良い・悪い」の問題ではなく、自分の魂の方向性を示し、「あなたらしさ」に気付くための道しるべのようなもの…。

「好き」を追いかけていくことで、今生の人生テーマやライフワーク、自らの本当に「やるべきこと」に辿り着けるようになるのです。


ネガティブであれ、ポジティブであれ、素直に感情表現することを抑えて生きていると、自分の中の本当の「好き」を見つけることができなくなります。

そんな時は、「好き」を探し回るのではなく、あえて「嫌い」にフォーカスしてみましょう。

自分の中の「嫌い」は、本当の「好き」を見つけるための「検索キーワード」のようなもの。

「嫌い」をたくさん見つければ見つけるほど、本当の「好き」がよりくっきりと浮かび上がってくることにもなるのです。


いづれにしても自分の中にある「好き・嫌い」の感情を素直に認めてあげることが大切です。

「好き」は「ワクワクの種」。

「好き」こそ、あなたの人生を真の目的地に運んでくれるナビゲーションシステムであり、人生を加速してくれるターボエンジンです。

あなたの「好き」を認めて、「ワクワク」を大きく育てていくことがこの世界を救い、宇宙を変えていくための原動力になるのです。


あなたが大好きなことを見つけて、この世界で生きることをワクワクと楽しむ時、あなたの周りから「嫌い」が消えてなくなります。

その時、残るのは「大好き」と「好き」だけですから…。

RULE 24

好きになっても依存しない

「好き」になることと、
執着や依存とは
「似て非なるもの」。
「好き」とあなたは
いい関係ですか？

本当の「好き」や「静かなワクワク」は間違いなく、あなたの人生を加速させ、あなたらしく輝くことをサポートしてくれます。

しかし、「好き」であっても、その「好き」があなたから、本当のあなたらしさや輝きを奪うものは、執着や依存だと判断していいでしょう。


自分で「好き」と「執着や依存」の違いを見分けるのは、なかなか難しい問題です。

ポイントはあなたが自立しているかどうか…。その「好き」を手放す自由と覚悟があるかどうかです。

どんなに「好き」なものであっても、「それがないと生きていけない」ようになってしまうと、それは依存や執着だと判断されても仕方ありません。

「好き」な対象のモノやコト、人といい関係、自由な関係を築けているかがポイントです。


熱くなり過ぎたり、コントロールされているように感じたら、いったん距離を置いて、少し冷静に観察してみることをおススメします。


「本当の好き」はいつも同じペースで淡々と続けられるような、「静かなワクワク」です。

燃え上がるような熱いエネルギーで、一気にのめり込むものは、本当のワクワクではなく、「ワクワクもどき」「ワクワク中毒」かもしれないので、要注意です。

「本当の好き」は、周りを巻き込む力をもっています。「本当の好き」には、周りを幸せにする力が自然に備わっているものなのです。

あなたの「好き」は、「静かなワクワク」でしょうか？　それとも、単なる「ワクワク中毒」でしょうか？

その違い、自分ではっきりと、わかっていますか？

RULE 25

ヒラメキに「良い・悪い」をつけない

自分に都合のよいこと
だけを引き寄せるのが、
ヒラメキではありません。
ヒラメキに理由や保証など
求めるものではありません。

ヒラメキとは「本当の自分」からの伝言メッセージにほかなりません。

「本当の自分」は、宇宙や大いなる存在とつながっていますから、ヒラメキは「神様からのメールの着信音」みたいなものだと思って間違いありません。

そのヒラメキという名の「神様からのメール」には、とても大事なことが書かれています。

しかしそのメールを良い・悪いで判断したり、その意味をアタマで理解・解釈しようとすると、途端に違うものになってしまうので要注意です。

「大事なこと」と「都合の良いこと」は違います。ヒラメキ・メールに書かれているのは、「意味はよくわからないけど、大事なこと」であって、「はっきりと意味がわかる、自分にとって都合の良いこと」が書かれているのは、「ウィイルスメール」の類かもしれません。


ヒラメキ・メールの着信音は、「なんとなく…」です。「なんとなく、気になる」「なんとなく、イヤな感じがする」「なんとなく、あの人に連絡したほうがいい気がする…」。

そんな「なんとなく」の着信音が聞こえてきたら、それがヒラメキ・メールの着信を知らせる合図だと想って間違いありません。

「なんとなく…」のヒラメキ・メールが届いたら、返事をしましょう。

「了解。やってみます」か、「ごめんなさい。それは不採用」か。基本的な返信内容は、その二つのうちのどちらか…です。

あなたから「了解」の返信メールが届き、実際に「なんとなく」に従って行動した時はじめて、神様からの「理由説明メール」が届く…。

そんな仕組みになっていると理解して、ヒラメキに従って、動いてみてはいかがでしょう。

RULE 26

何事もうのみにしない

信じることは、
なんでもかんでも、
すべてを盲目的に
引き受けることでは
ありません。

信じるということは、自分のことを相手にゆだねて、なんでもかんでも、盲目的にすべて引き受けることではありません。

それはある意味、相手を信じることによって、自らの責任を放棄し、相手に依存し、責任を押し付けようとする態度にほかなりません。

本当に信じるべきものは、相手の中にはありません。相手を信じようとする前に、その相手を信じた自分を信じるべきです。

自分の判断に責任を持っていれば、仮に相手が自分の思いどおりの行動をとらなかったとしても、そこで大騒ぎすることはなくなります。相手に責任を押し付けることもなく、自分の判断が間違っていたと、あきらめることもできるようになります。

そもそも「信じていたのに、裏切られた」という時点で、本当に信じていなかった証拠です。

本当に信じていたら、裏切られることはありません。

「裏」があるということは、最初から「表」もあったということ。それは相手の言うことをうのみにすることで、自らが責任逃れをしようとしていただけに過ぎません。

すべてを疑ってかかる必要もありませんが、かといって、すべてを引き受ける必要もありません。もっと自分の感覚を信じるべきです。

イヤなものは「イヤ」でいいのです。

ただし、あなたが「イヤ」だからといって、他の人がイヤかどうかはわかりませんし、価値がないワケでも、低いワケでもありません。

もっと自分自身を、自分の内側を信頼しましょう。あなたの内側は確実に、「宇宙」や「大いなる存在」とつながっているのです。

大丈夫。自信をもって…。

RULE

27

ポジティブ神話にだまされない

ポジティブであろうが、
ネガティブであろうが、
偏っている
という点では同じ。
どちらもズレているのです。

「ポジティブ思考こそ、人生を成功に導くただひとつの方法」などというポジティブ神話から、もうそろそろ、卒業してもいい時期です。

ポジティブ思考が間違っているワケでも、意味がないワケでもありませんが、この世界や人間はポジティブなエネルギーだけで成り立っているワケではありません。

ポジティブな方向だけを見て、自分の中のネガティブなものをキチンと認めようとしないのは、単に臭いものにフタをして、見て見ぬフリをしているだけ…。

そんな態度で本当の幸せや豊かさが手に入ると本気で思いますか？

行き過ぎたポジティブ思考は、強いネガティブ思考の裏返しに過ぎません。

ネガティブ思考が根強くあればあるほど、その反動で皮肉なことにポジティブ思考も過激に強くなるのです。

ポジティブ思考もネガティブ思考も結局、真ん中に立ってみれば、偏っているという点ではまったく同じ。中心から、同じだけズレていることに変わりありません。

人間はいつもいつもポジティブ思考ができるほど、強くもなければ、単純でもありません。

そもそも自分の中にあるネガティブな部分を否定したり、ないように振る舞うことは、本当の自分をあるがままに認めていない証拠。あなたがありのままの自分のことを受け入れないで、誰が受け入れてくれるというのでしょう。

ポジティブな私も、ネガティブな私も、どちらも大切な、愛おしい私です。

そんな「ありのままの自分」をまるごと受け入れた時、はじめて本当の「あなたらしさ」が自然に輝き出すのです。

RULE 28

ネガティブな感情を認める

情けない、イケてない、
ダメな私も、やっぱり私…。
責めたり、裁いたりせず、
ただ、あるがままに認めて、
感じ切ればいいのです。

ネガティブな感情は、心のセーフティネット、安全装置のようなもの…。もしネガティブな感情が備わっていなければ、ネガティブな現象に遭遇したら、壊れるしかなくなります。

ネガティブな感情という受け皿があるからこそ、そうしたネガティブな現象を受け止め、そこから必要なことを学び、また立ち上がって、前に進むエネルギーが湧いてくるのです。

誰でも、ずるい心やエゴ的な心、不安や恐れ、罪悪感や無価値観など、ネガティブな感情をもっています。強くなるということは、そうしたネガティブな心に打ち勝つ強さを身につけることではなく、自分の中にあるネガティブな心に気付き、それを認める勇気を持つことです。

スピリチュアルな生き方を志したとしても、人生からネガティブな現象が消えてなくなるワケではないのです。

スピリチュアルな知恵を学んだからといって、ネガティブな感情を感じなくなるワケでもありませんし、感情のコントロールの仕方が上手になるワケでもありません。

それはむしろ逆。スピリチュアルに生きるということは、自らのネガティブから目を背けず、積極的に味わうことにつながるのですから…。

ネガティブな感情が出てきたら、それを隠そうとしたり、ごまかそうとせず、しっかり味わい感じ切ること。

感情のエネルギーは感じ切れば昇華し、消えてなくなるものなのです。

泣きたくなれば、大声で泣けばいいのです。イライラしたり、ムカッとしている自分をあるがままに認めることです。

そう、すべての感情は、ただ味わうためにあるのですから…。

RULE 29

お金は純粋なエネルギーとして扱う

お金自体には、
良い・悪いはありません。
お金とはエネルギーそのもの。
あなたがどんな意識で
使うかによって決まります。

お金とはエネルギーそのものです。

それ自体には何の価値もありません。物質的には単なる「数字の書かれた紙きれ」に過ぎないお金が莫大なパワーを持っているのは、ひとえに私たちの意識エネルギーの賜物です。


あなたがお金をお金として認識することで、お金に莫大なエネルギーを与えているのです。

つまり、あなたの意識次第で、お金のエネルギーはどんなふうにも変化することが可能だということ。

まさにお金は、あなたの意識エネルギーを忠実に拡大してくれる増幅器だといえます。

「すべてのエネルギーは出すのが先」が、宇宙のルール。もちろん、それはお金にも当てはまります。あなたがお金をどんなふうに扱うのか、お金にどんな意識エネルギーを乗せて手放すのかによって、あとで受け取るお金のエネルギーの質が決まってくるのです。

お釈迦様は、「托鉢は貧しい家から」と、弟子に伝えたそうです。「喜びと共にエネルギーを差し出す習慣がないから、より貧しくなるのだ」とさとしたそうです。

喜びのエネルギーを受け取りたいのなら、まずは自分から先に、喜びのエネルギーと共にお金を使うこと。

豊かさのエネルギーを受け取りたいのなら、お金を支払えることに感謝して、喜びと共に気持ちよくお金を支払う習慣を身につけることです。

その上で「お金はエネルギー」だと理解し、不必要にため込んだり、執着し過ぎず、常に気持ちよく循環している状態を心がけましょう。

お金は「応援チケット」。豊かになるということは、よりたくさんの人を気持ちよく応援する立場を手に入れることにほかなりません。

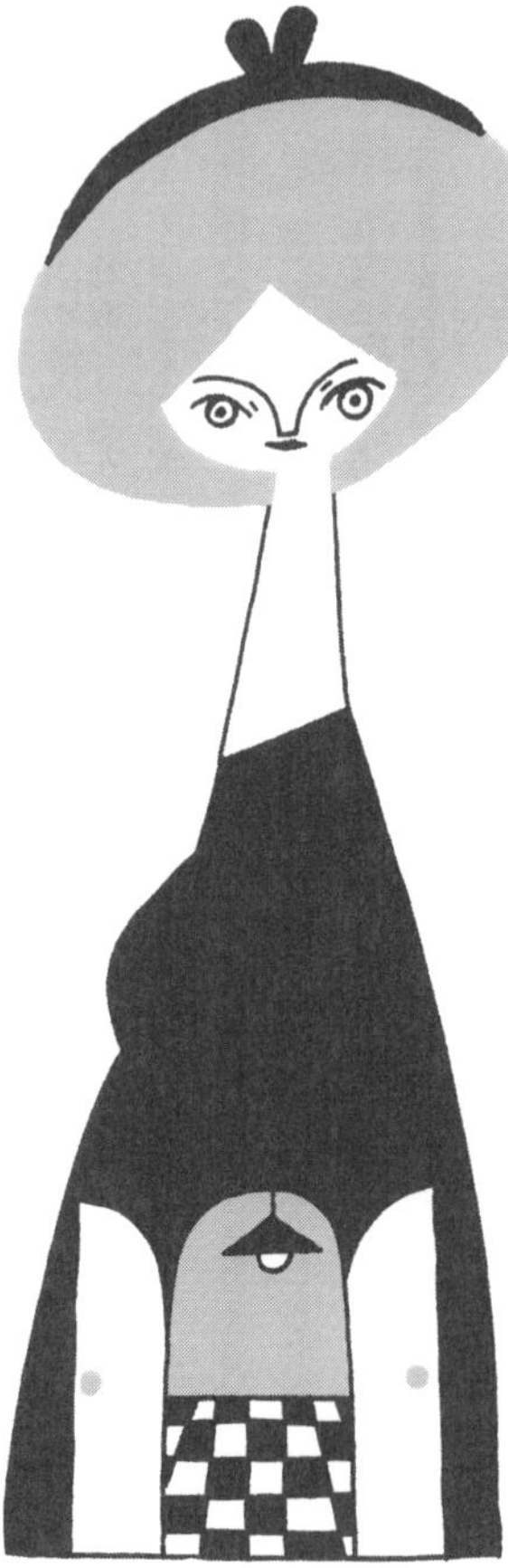

RULE 30

お財布が内も外も美しい

お財布は「お金のお家」。
お金の気持ちになって、
居心地の良い
お財布に保つことが、
お金と仲良くするコツです。

私たちの生活において、お金に対する意識が最もストレートに表れるのが、お財布です。

あなたのお財布を見れば、あなたがお金に対してどんな意識を持っているのか、さらに経済状態までもが、ある程度わかってしまいます。

お財布こそ、お金に対するあなたの意識を形に表したシンボルであり、象徴なのです。


それは裏を返せば、お財布を整えることによって、あなたのお金に対する意識を変えることも可能だということです。まさに「お財布はお金のお家、玄関」なのです。

お家の中をきれいに整理し、お掃除したり、引っ越す（お財布を買い替える）ことによって、今までのお金の流れやお金に対する古い思い込みを手放すことも可能になるということです。


どんなふうにお財布を整え、どんなお財布を選べば良いのかなど、具体的なアドバイスが知りたい方は、拙著『お金に愛される魔法のお財布』（永岡書店）をご参照いただければ幸いです。


ポイントは、「お金の気持ちになって考える」こと。

あなたが「お金」だったら、どんなお家（＝お財布）に早く帰りたいと思うでしょうか？

お友達（＝お金）をたくさん連れて帰りたくなるお家（＝お財布）はどんな家でしょう。

内装（＝お財布の裏地など）は？

家族（＝紙幣や硬貨）との関係は？

思わず、お友達（＝お金）に自慢したくなるような外観の家（＝お財布の外側）は、どんな感じになるでしょうか？

それらの要素をお金の気持ちになって考え、現在の自分のお財布をチェックして、できる範囲で改善していきましょう。

RULE

31

貯金を趣味にしない

貯金が悪いワケでは
ありませんが、
何事も動機が大切です。
あなたは何のために
貯金しているのですか？

あなたは何のために貯金しているのでしょう。「お家を買うため?」「海外旅行のため?」「嫁入り資金?」それとも「老後に備えて?」。

どんなことでも、その行為自体よりも、その下に隠れている動機のほうが大切です。

すべてはエネルギーです。同じ貯金という行為であっても動機が違えば、起きてくる結果はまったくの別物になることも避けられません。

そもそもお金は、貯めるためのものではありません。エネルギーですから、常に流れていることが基本で貯めるのには適していません。

もちろん明確な目的を持って貯金に励むのも悪くはありませんが、その貯金のプロセスが楽しめていないと、せっかく貯金して手に入れた結果も残念ながら、楽しいものにはならないので、要注意です。

将来に対する心配や不安、今の生活がイヤで、そこから抜け出すためなど、ネガティブな動機で始めた貯金は、ネガティブなエネルギーをため込んでいるのと同じ。

それはネガティブなエネルギーにせっせとエサを与えて、ドンドン大きく育てているようなもの…。その貯金が不安を膨らませ、ネガティブな現象を引き寄せる原因にもなるので要注意です。

貯金は目的ではなく、あくまで手段のひとつ。貯金しなければ、望むものを手に入れられないという思い込みを手放すことができれば、貯金以外の方法で、望む現象を引き寄せることも可能になります。

宇宙に不可能はありません。

「スピ女」にとっては、目的を達成するための手段を、貯金だけに限定しない自由な姿勢が大切です。

RULE

32

満月にお財布の月光浴をする

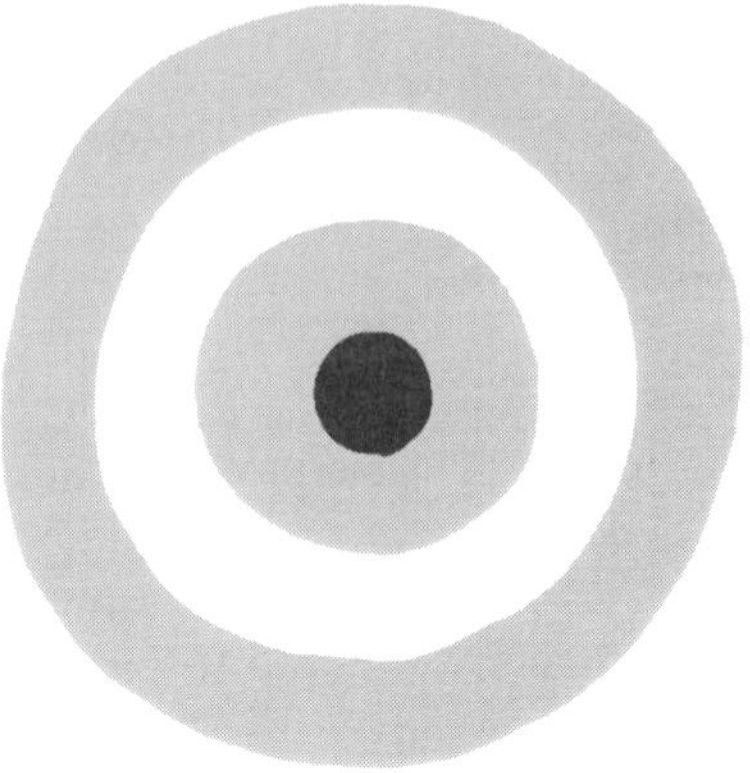

お財布はお金のお家。
定期的なメンテナンスや
お掃除は欠かせません。
おススメは、満月の夜、
お財布の「月光浴」。

お財布はお金のお家であり、あなたのお金のエネルギーを象徴するシンボルです。

そこが汚れていたり、中味がグチャグチャでは、お金という豊かさのエネルギーも巡ってはきません。

ですから、お財布にも定期的なお掃除、メンテナンスが必要になります。

スピリチュアル的にみた、お財布のおススメ・メンテナンス法はズバリ！　満月の夜に行う、「お財布の月光浴」です。

満月は月のパワーが最も高まる時。

「月」は「ツキ」に通じ、スピリチュアルなレベルでのサポートをしてくれる役割を担っています。

その「月」に向かって、自分のお財布をパカパカさせ、満月パワーをお財布の奥にまでたっぷり招き入れるのが、この作法の目的です。

これは現実的にみても極めて重要な意味を持つ作法です。約28日周期で巡ってくる満月に合わせて、お財布の中身を整理する絶好の機会。

「月光浴」をする時は、お財布の中身をすべて出して、カラッポにした上で「フリフリ、パカパカ」するのが決まり。

ですから、ほぼ月に一度は自分のお財布の中身の総点検を兼ねて、不要なものを処分し、ホコリや汚れを払うことができる、一石二鳥のおススメ習慣だといえるでしょう。

「私は今、とても豊かで恵まれています。さらなる豊かさをありがとうございます」という「魔法のじゅもん」を唱えながら、お財布パカパカを楽しみましょう。

それによってお財布の中で滞っていたエネルギーが浄化され、満月パワーがチャージされ、金運アップも期待できるので、ぜひお試しを！

RULE 33

「出したものが、受け取るもの」と知っている

今のあなたは、
過去のあなたが出した
エネルギーによって
成り立っています。

「鏡のルール」のところでも説明したとおり、この宇宙は「投げかけたものが受け取るもの」という、シンプルな法則で成り立っています。

つまり、「今のあなた」は、「過去のあなた」が投げかけたエネルギーによって成り立っているということです。

ですから、未来にどんなエネルギーを受け取りたいのかを考えて、それと同じエネルギーを今、この瞬間に宇宙に投げかければいいのです。それが「未来のあなた」を創ることになるのですから…。

エネルギーは出すのが先。受け取るのはあと。これも先述したとおりです。自ら出したエネルギーが、結局回りまわって、自分のところに返ってくることになるだけです。

「ありがとう」のエネルギーを出せば、「ありがとう」が、「笑顔」のエネルギーを投げかければ、やがて「笑顔」が必ず返ってくるのです。

宇宙のエネルギー配達には、遅延はあっても、誤配はありません。こちらの思ったようなタイミングで返ってこないこともあって、ついイライラしてしまうこともあるでしょう。

しかし、「自ら出したものが、あとで自分が受け取るもの」という宇宙のルールは絶対です。そこを疑うと結局、ネガティブなエネルギーを宇宙に投げかけることになり、損をするだけ。なので、安心して「その時」を待てばいいのです。

「お金」や「豊かさ」を引き寄せたければ、今、できる範囲で、気持ちよくお金を差し出すこと。今ある「豊かさ」に感謝して、周りの人と「豊かさ」を、気前よく分かち合うことです。

大丈夫。あなたが出したものを受け取るのは、必ずあなたです。

RULE 34

喜びと共に受け取る

やってきたものは
過去にあなたが出したもの。
誰にも遠慮する必要は
ありません。
手放しで受け取りましょう。

「奥ゆかしさ」や「謙遜」は日本人の美徳として、根づいてきた文化です。

「受け取って、当然」という横柄な態度でいるのは傲慢ですが、「私なんて…」と卑屈な態度で受け取り拒否するのも、同じく傲慢なのです。

厳密にはそういう卑屈な態度を「卑下慢《ひげまん》」と呼ぶのですが、傲慢も卑下慢も、どちらもバランスが偏っており、美しい姿勢ではありません。

「出したものが、受け取るもの」という宇宙ルールが腑に落ちていれば、自分のところにやってきたエネルギーは、それがどんなものでも、まさに「過去の自分」から届いた手紙だとわかるハズ…。素直に受け取るしかありません。

届いた「手紙」がうれしいもの、喜ばしいものであれば、まずは素直に「ありがとうございます」。

さらに笑顔で「とってもうれしいです」と伝え、ワクワクした喜びと共に手放しで受け取れば、それで良いのです。

特にお金のエネルギーがあなたの元にやってきたら、額の大小に関わらず、誰かがあなたを応援してくれた証でもあるので、喜びと感謝と共に素直に受け取る姿勢が大切です。

あなたがエネルギーを先に「出す」ことを心がけていると、必ずそれに見合ったエネルギーがどこからかやってきます。

その時、「喜びと共に受け取る」という準備ができていないと、せっかくのエネルギーがしぼんでしまい、うまく循環することができなくなるので、要注意。

あなたが出したエネルギーが、さらに大きくなって返ってきてもビックリしないよう、今から「受け取り上手」のトレーニングをしておきましょう。

RULE 35

今ある「豊かさ」に感謝する

今あるものから
始めることです。
それが「豊かさ」の原点。
「ないもの以外は、
すべてある」です。

「ない」から始めてみても、「ある」に辿り着くことはありません。

「ない」というエネルギーを発信しているのに、「ある」というエネルギーが返ってくるのを期待するほうがどうかしています。

本当に「豊かさ」を引き寄せたいのであれば、まず「今ある豊かさ」にフォーカスすること。

これがポイントです。

「お金はエネルギーの増幅器」です。

あなたが意識エネルギーを当てた部分を大きく拡大して、クローズアップしてくれるのです。

「お金がない」を意識すれば、「お金がない」というエネルギーが増幅・拡大することになるだけで、それではいつまで経っても、お金持ちにも、豊かになることもできません。

あなたが本当に豊かに暮らしたいと願っているのなら、「ある」にフォーカスして、「今ある豊かさ」をしっかり味わうことから始めないと、真の豊かさには辿り着けません。

「命がある」「五体満足な身体がある」「太陽の光や空気、美味しい水がある」「食べるものがある」「安心して眠れる家がある」「両親や家族、友達がいる」「仕事がある」「こうして本を買えるお金がある」などなど…。

私たちは実にたくさんの「ある」に囲まれて生きています。

ひとつひとつは些細なことかもしれませんが、「ない」ものよりも、圧倒的に「ある」もののほうが多く、本当に大事なものはすでに私たちの中に「ある」のです。

「ないもの以外は、すべてある」。

これが本当に腑に落ちれば、今この瞬間「豊かさ」に包まれ、こころの底から感謝が湧き上がってくるでしょう。

RULE 36 占いを活用する

占いは信じるものではなく、
活用するもの。
人生にどう活かすかは、
あなた次第です。

占いは一種の統計学。

古人の知恵を集めて、編集された人間学です。「当たる、当たらない」で、一喜一憂するような「当てモノ」の類ではありません。

また占いは、「信じる」ものでもありません。

自分の外側に信じるものはありません。信じるのはあくまで自分の内側。占いを信じたければ、占い自体を盲目的に信じるのではなく、その占いを信じた自分のことを信じるべきです。

占いは一種の情報ツール、PCソフトのようなもの。

情報はどう活用するのかによって、その価値が決まるのであって、ただ知っているだけでは、ほとんど何の役にも立ちません。

古くから伝わる占いは長い時間をかけて洗練され、検証されてきた結果、今日まで残ってきたものなので、統計学としてもある程度、信頼してもよいのではないかと私は想います。

ただ、いずれにしてもポイントは、何のために、どう使うのか…ということ。その態度こそが、占いを「魔法のツール」にも、「脅しの武器」にも変えてしまうことになるのです。

占いの診断結果と、占い師の個人的見解をゴチャ混ぜにしないこと。そのためにも「いい感じ」の占い師さんを選ぶことが何より大切なポイントです。

暗い占い師さんは当然、あなたの暗い部分にフォーカスし、明るい占い師さんはあなたの明るい部分に光を当ててくれます。

「スピ女」たるもの、占いとは「いいトコ取り」でつき合いましょう。

占いという情報コンテンツを人生に「どう活かすか」という姿勢でつき合えば、これほど使えるツールはなかなかないと想いますよ。

RULE 37 風水はいいとこ取り

「西に黄色」だけが
風水ではありません。
風水の基本は整理学。
自らの周りの環境を
整えるための知恵です。

この世のすべては、エネルギーで成り立っています。病気は身体の中を巡る気（＝エネルギー）の流れが滞ることが原因です。お金の流れが滞ると経済不況や借金地獄に陥ります。

それらと同じように、私たちの暮らしている住環境、お家や会社、お店の中にも気のエネルギーが存在します。

そうした「場」の持つエネルギーの流れを分析し、滞りを解消するための知恵が、「風水」にほかなりません。

風水も占い同様、一種の情報ソフトのようなもの…。信じる、信じない。当たる、当たらないで判断するようなものではありません。

ある意味、古人の知恵の集大成ですから、無視してしまうのはもったいないし、かといって、すべてが現代の生活に通用するかどうかも疑問です。そういう意味では、常にアレンジや編集を加えて、バージョンアップさせていく必要があるのは、占いにも共通する視点です。

風水の基本は環境整理学。いかにスッキリと気持ちよく過ごせる「場」を作るかという知恵の集大成です。ですから、その基本はカンタン。「整理整頓、お掃除」です。

ある意味、毎日キチンと整理整頓とお掃除が行き届いていれば、風水を気にする必要もありませんし、それだけでも十分、ツキに恵まれるといっても決して過言ではありません。

言い換えれば、風水の知恵はまず、お掃除というベースがあってこそ、効果を発揮するもの。前提条件であるお掃除が行き届いていない状態では、風水以前の問題です。

マメなお掃除こそ、究極の風水だと覚えておきましょう。

RULE 38

数字は文字としてみなす

数字は単なる数を表す
記号ではありません。
ひとつずつが意味をもった
「文字」なのです。

私たちの身の回りにある「数字」にはすべて意味があり、メッセージが込められています。数字は単なる「数を表す記号」ではありません。

もちろん、「計数」としての数字も数字の役割のひとつですが、それだけではありません。

数字のもうひとつの役割が、「文字」としての数字です。数字を文字として見なせば、今まで見えてこなかったものが、たくさん見えてくることでしょう。

そう、数字こそ、世界唯一つの共通語だといってもいいくらいです。

個人にまつわる数字の代表が、「生年月日」。ここにあなたの人生のシナリオをひも解く「数字の暗号」が隠されています。それ以外にも、「電話番号」「住所・部屋番号」「車番」「各種の記念日」「座席番号」「暗証番号」なども、それぞれにすべて意味があり、独自のメッセージを携えているのです。

コンピューターの世界も、突き詰めると「0」と「1」の二つの数字で表されるといいます。

お金がパワーを持つことができたのも数字のお陰。ある意味、数字がなければ、この世のほとんどのものは生まれてこなかったといっても、決して言い過ぎではありません。

まず自分の身の回りにある数字に注目してみる習慣を身につけましょう。

あなたはお気に入りの数字、ラッキーナンバーをお持ちですか？　よく目にする数字はあるでしょうか？　その数字こそ、今のあなたに必要な数字であり、大事なメッセージかもしれません。

その「数字の暗号」を解読できれば、あなたが進むべき人生の方向性も自ずと明らかになるかもしれませんよ。

RULE

39

大きな樹に抱きつく

「樹」は「氣」。
大きな樹は大自然の
エネルギーの象徴です。
樹に触れることで、
真ん中に戻れます。

神社には、必ずご神木と呼ばれる大樹があります。

昔の神社には「鎮守の森」と呼ばれる森や林が必ずセットとしてありました。今ではその森を維持していくことが大変で、失われつつありますが、それでも大木のない神社はありません。

大きな樹がない神社は本来、神社とは呼べません。それほど神社や神様にとって、「樹」は大切な存在なのです。

「樹」は「氣」。自然のエネルギーそのものです。

「葉」はそこから「樹」のエネルギーが「発する」場所だから、「葉」と呼ぶのです。

「樹」に象徴される自然のエネルギーの特徴は、いつも変わらず同じ、真ん中だということ。

これが自然のエネルギー、特に「樹」が持つエネルギーの最大の特徴。「やる気マンマン」のポジティブ思考の「樹」もなければ、将来を悲観しているネガティブ思考の「樹」もいません。

いつも、どんな時も同じ。ただ静かに、凛として、そこにスクッと立っている。

その真ん中のエネルギーに触れることによって、私たちも自然に真ん中に戻ってくることができるのです。

森の中を歩くだけでも、樹から出るエネルギーのシャワーを浴びることができますが、大きな樹を見つけたら、ぜひ触れてみましょう。

両手で抱えて頬をつけ、ゆっくりと深呼吸をくり返してみましょう。ただ静かにそうしているだけで、樹のエネルギーと同調して、あなたのエネルギーも自然に整っていくことが感じられるでしょう。

私たちも、もともと自然の一部。樹と同様、もともと真ん中にいたことを想い出せば、そこにかえるのも難しいことではありません。

RULE 40

怪しいグッズとも バランスよくつき合う

スピ好きにはたまらない
怪しいグッズの数々…。
怪しいグッズだと想って
つき合えば、
ちっとも怪しくありません。

こう見えて私も、その昔はかなりの「怪しいグッズマニア」でした（笑）。

能力開発や地場調整的なグッズが好みで、かなり高額なアイテムにも手を出していました。

女性の場合、天使系のグッズにはまる傾向が多いようですが、アイテムは違えど、その嗜好や方向性は同じです。

怪しいグッズがすべて怪しいワケではありませんが、「チャクラが開く」「光の世界とつながりやすくなる」「才能が開花する」「ゼロ磁場になる」など、目に見えない世界での効果・効能をうたっている商品は、三次元的にみて「怪しい」と言わざるを得ません。

しかし、怪しいから効果がないのかといえば、そんなことはありません。

私が購入した怪しい商品の中にも、「なんだかよくわからないけど、これはスゴイぞ」というものもありました。

確かに実際に効果もあったのですが、結局何がスゴイのかよくわからず、「怪しいグッズ」であることに変わりありませんでしたが（笑）。

この世界で私たち人間がわかっていることなど、ほんのわずか、数パーセント程度です。科学ですべてが解明できるなんて思っていたら、大間違い。それこそ傲慢な態度です。

かといって、それが「科学や三次元のルールを無視してもいい」という理由にはなりません。

「わからないことはわからない」でいいのです。

「よくわからないけど、欲しいな～」

「怪しそうだけど、なんだか気になる」

そういう態度で接している限り、大丈夫。

怪しいグッズとも、健全につき合えるようでないと、「スピ女」とは呼べませんよ。

RULE 41 「宿命、運命、使命、天命」の違いがわかっている

「宿っている命」
「運ばれていく命」
「使われる命」
三つの命の足し算が「天命」。

肉体をもって、この世に生まれた時点で決まっていること。性別や国籍、時代や地域、両親や兄弟など、自分では選びようのない、命に最初から付随している条件を「宿命」と呼びます。

これは過去生での記憶が大きく関わってい て、過去生でやり残した学びのテーマをクリアするために最も適した条件を自ら選んで生まれてくるといわれています。

「宿命」を今生のスタート地点として、そこから運ばれていく命のことを「運命」と呼びます。

これが今生での人生の設計図、ドライブルートのようなもの。

大まかなルートは決まっていますが、この命を運んでくれるのは、人とのご縁。

人との出会いによって、自分の命が運ばれていくことを「運命」と呼ぶのです。

さらに、自分の元にやってきた出来事に対して、文句を言わず、誠意をもって当たっていると、ある方向に引っ張られるようになります。

人は「やるハメになった」というような言い方をしますが、それが何ものかによって、使われる命、つまり「使命」ということになります。

「宿命」「運命」「使命」の三つの命をバランスよく活かし、その三つを統合した生き方、命の活かし方のことを「天の意に沿った命」という意味で、「天命」と呼ぶのです。

「天命」とは三つの命の総合力。バランスです。特定の職業や仕事のジャンルのことではありません。

自らの「宿命」を受け入れ、人との出会いを大切に「運命」の流れに乗り、周りの人々の喜びに貢献するような「使命」を果たすことが、「天命」を生きることにつながるのです。

RULE 42

聖人君子を目指さない

私たちが
生まれてきた目的は
「聖人君子」に
なるためではありません。
ただ、味わい尽くすこと。
それだけです。

私たちの魂はもともと、完全・パーフェクトな存在です。

そのパーフェクトな存在である魂を宿している私たちも本来、完全で、欠けているもの、不足しているものなど何もないのです。

完全なものが完全を目指すことはできませんから、私たちは一時的に「完全でないフリ」をしているだけに過ぎません。ですから、完全を目指してがんばる必要などないのです。


この世は「学びの場、修行の場、魂磨きの場」だと指摘する考え方があります。確かにそういう側面も否定しませんが、それを厳しく辛い修行と見なすか、楽しいトレーニングやゲームと見なすかは、人それぞれだといえるでしょう。

私たちは「完全な人」になるために…、「聖人君子」になることを目指して、この世に生まれてきたのではありません。生まれる前はすべての魂が完全で100％の存在だったのです。ですから何もこの世で「完全・100％」を目指す必要はありません。それでは生まれてくる意味や目的がわからなくなってしまいます。

私たちがこの世界に肉体を持って、ワザワザ生まれてきた目的は、「味わうこと」です。

あなたがあなたの人生を100％味わい尽くすことが命の目的であり、宇宙の喜びにもつながるのです。

百人いれば、百とおりの人生があるように、人の数だけ人生のバリエーションがあります。そのバリエーションが多様化し、増えることに宇宙の目的があると、私は確信しています。

あなたがあなたらしく生きて、あなたの人生を思い切り味わい尽くすこと。それが宇宙の唯一の望みだと、私は信じています。

RULE

43

美しい日本語を使う

**日本人であることの証は
美しい日本語を使うこと。
ひらがなで表現される
日本語を多用しましょう。**

日本には昔から「言霊」という言葉、考え方があります。「日本は言霊の幸（さき）はう国」という言葉もあるように、古来から日本語には霊的なパワーが宿っており、それによって幸せがもたらされると考えられてきました。

実際に日本語のことを少し学んでみると、他の言語とは違う特徴がたくさん見受けられます。

日本語は世界でも珍しい母音言語。

母音は自然の音と同調しやすい低音域の音で、それゆえ、日本語には自然の音を表す言葉がたくさんあります。

「しとしと」「ざあざあ」「ぽつぽつ」「どしゃどしゃ」など、雨の降る音を表す日本語はたくさんありますが、英語では雨に音などありません。

また日本語は口語において、主語も目的語も省く傾向があります。

「ありがとう」「ごめんなさい」「おかげさま」「もったいない」など。

これは文法的に正しくない使い方かもしれませんが、古くからの日本語の多くは、そうです。

さらに日本語は一音、ひと文字ずつに固有の意味があります。

「あ」には「あ」の、「い」には「い」の独自固有の意味があるのも特徴です。

しかし、英語の「A」が持つ固有の意味など、聞いたこともないでしょう。

その特徴はまだまだありますが、日本語は世界でも本当に珍しい言語なのです。その珍しい、言霊の宿った言葉を使える幸運に感謝して、美しい日本語を使うよう、心がけたいものです。

「いつも、ありがとうございます」

RULE 44

「おかげさま」が口グセ

こうして生きていられるのは、
目に見えるもの、
目に見えないもの、
それぞれのお陰です。
「おかげさま、おかげさま」。

英語など、他の言語に訳せない日本語というものがたくさんあります。「ひらがな」だけで表される日本語の多くはそうです。

「おかげさま」という言葉もそのひとつ。

「おかげさま」とは、自分を取り巻く「目に見える存在」「目に見えない存在」、すべてを意識して、そのサポートに感謝と敬意を捧げる言葉です。

「おかげさま」という言葉は、「私がこうして生きて活動できるのも、私を支えてくれている目に見える存在、目に見えない存在、それらすべての存在のサポートがあってこそと感謝しています」という意味です。

こんなに長くて、深い意味を「おかげさま」という、たった五文字で表現してしまうのですから、ここに日本語の底力を感じます。

「おかげさま」を口グセにしておけば、間違いありません。

無理にへりくだる必要はありませんが、冷静に考えて、実際すべての現象は「おかげさま」で成り立っているのです。

「私の力だけでやりました」などと言えるようなことは、この世に何ひとつ存在しないといっても過言ではありません。


この身体も自分で作ったものではありません。

この土地も、自然の恵みも、雨や日の光も、すべて何ものかが用意してくださったものです。

着るものも、家も、車も、いちから自分で作ったものなど、何ひとつありません。

お金を出したから自分のものだと主張することが、どれほど傲慢なことかは、たくさんのお金を持った上で無人島に流れ着いた場面を想像すれば、すぐにわかるでしょう。

何が起きても、結局「おかげさま」なのです。

RULE

45

「おつかれさま」ではなく、「お元気さま」「すみません」ではなく、「ありがとうございます」と言う

言葉にはパワーがあります。
言ったことが、
そのまま現実化するのです。
くれぐれもご注意を…。

同じ意味を伝える言葉の中にも、ポジティブなエネルギーを宿すものと、ネガティブなエネルギーを宿すものがあるので注意しましょう。

人生にポジティブなエネルギーを引き寄せたいと想うのなら、自ら発する言葉をポジティブなものに変えない限り、望む現象を引き寄せることは難しいと言わざるを得ません。


ビジネスの現場で頻繁に耳にする「おつかれさま」という労いの言葉。使っている方に悪気はありませんが、「つかれ」は「憑かれる」が語源の言葉。つまり、「何ものかに憑依されている」という意味なのです。「憑依されるから、疲れる」のですが、相手に「おつかれさま」と声をかけるのは、「また憑依されちゃって、大変ですね」と言っているのと同じこと。これで本当に労いになるのでしょうか?

私は「おつかれさま」の代わりに、「お元気さま」を推奨しています。そこに「大変でしたね。早く元の気に戻ってくださいね」という労いと、「大丈夫。ちゃんと元気になっているよ」という応援のエネルギーをのせて、使っています。


同様に「すみません」は、エネルギーがしぼむ言葉。言われたほうもなんだか申し訳ない気分になってきます。

閉まりかけのエレベーターのドアを開けて待ってくれた時など、ちょっとした親切に感謝するような場面で使うのなら、圧倒的に「ありがとうございます」がおススメです。


本当に謝る時も、「すみません」ではなく、できれば素直に「ごめんなさい」。

「ごめんなさい。お許しください。愛しています。感謝しています。ありがとうございます」はおススメの「魔法のじゅもん」です。

RULE 46

「でも」や「だって」は使わない

「でも」や「だって」で
会話が途切れます。
「ムリ」や「できない」で
エネルギーがしぼみます。
結局、損するのは自分です。

言葉もエネルギーです。

特に日本語は、現象化するエネルギーの高い言葉ですから、その取り扱いは要注意です。

私たちは自分の発した言葉どおりの人生を送ることになるだけ…。

ポジティブで明るい人生を送りたければ、ポジティブで明るい言葉を使うことです。

冷静に考えて、ネガティブな言葉を使っていて、ポジティブな現象を期待するほうがどうかしています。

会話の最中に、「でも」や「だって」を口グセのように使う方が見受けられます。本人にはあまり自覚はないのでしょうが、これは人間関係がうまくいかなくなるキーワード。

本人にそのつもりがなくても、誰だって、自分の話を否定されたり、反対されればいい気はしません。その人の周りから、人が離れていくのは時間の問題だといえるでしょう。

どんな話でも、すぐに「絶対ムリ」「できない」と否定から入る人もいます。ムリかどうかなんて、やってみなくてはわかりません。

「人間が想像できる範囲であれば、不可能なことは何もない…」と言われているほど…。どんな荒唐《こうとう》無稽《むけい》な話であっても、「できない」と否定してしまうのは、自らの可能性を限定する、とてももったいない行為です。

結局、否定的な言葉を使う人は自らの人生を否定してしまっているだけ。

自分を否定していては、誰もあなたを肯定することができません。

ポジティブな言葉を使う前に、まず自らのネガティブな口グセをチェックしてみましょう。

それに気付いて修正するだけでも、あなたの人生が180度、転換することうけ合いです。

RULE 47

「ニナル」ではなく、「デアル」

「…になろう」と
頑張っているウチは
うまくいきません。
「…である」と認めると
すべてがうまくいきます。

「結婚したい」「成功したい」「幸せになりたい」「もっと豊かになりたい」と思って、がんばることは悪いことではありませんが、その方向性でどれだけ努力してみても、残念ながら本当に「幸せになる」ことも、「豊かになる」こともありません。

すでに結婚している人は、「結婚したい」と思いません。すでに成功している人は、「成功したい」とは思わないでしょう。たとえば、イチロー選手が、「大リーガーになりたい」と思わないのも同じこと。すでに手に入れてしまっているものを誰も欲しがったりはしませんから。

つまり、「…になる、なりたい」と思っている時点で、すでに「そうなっていない自分」を認めてしまっているのです。それを言葉に出せば出すほど、「そうなっていない状態」が強く現象化されるだけなので、要注意です。

実際に今は、そうなっていなかったとしても、言葉にする時は、現在形・現在進行形で言うことです。

「結婚したい」ではなく、「結婚する」です。「これから、幸せになる」のではなく、「今、幸せである」と言い切ることです。

実際に今、幸せでない人が、将来幸せになることは不可能です。「未来の幸せ」など、どこにもありません。未来という時間で、幸せを味わうことなど現実的に不可能なのです。

幸せを味わえるのは、今この瞬間しかありません。豊かになるのも、今ここです。

ですから、「豊かになる」のではなく、「豊かである」と宣言することです。

「ニナル」と「デアル」。よく似ていますが、そのエネルギーは大違いです。使い方には注意しましょう。

RULE

48

ウワサ話に参加しない

本当のことなど、
誰にもわかりません。
本人でさえ、
よくわからないことを
話す権利などありません。

マスコミが流す情報・ニュースの中には、「社会的なウワサ話」と言ってもいいようなものが数多く含まれています。

当事者でもよくわからないようなことを公共の電波や紙面を使って公にすることに、どれほどの意味があるのか、真剣に考え直してもいい時期だと想います。

ウワサ話に左右されないための対策は、ただひとつ。「ウワサ話に参加しないこと」。

これに尽きます。マスコミが流すウワサ話に触れないためにはある程度、情報を遮断することも大切です。

家にいる間中、テレビやラジオを点けっぱなしにしているのは、勝手に「ウワサ話の参加者」になっていると知ることです。

もっと身近なウワサ話の対処法も、基本的には同じこと。テレビのスイッチを消すのと同じように、ウワサ話が始まれば、その現場を静かに立ち去るのがおススメです。

そんなことをすると、人間関係が険悪になる…と心配される方もおられるかもしれませんが、ウワサ話ばかりをしているような関係なら、こちらから縁を切ってもいいくらいです。

そのくらいの強い意志を持って対処しないと、ウワサ話のネガティブなエネルギーに巻き込まれてしまうので、要注意です。

本当のことなど、当事者でもわからないことがたくさんあります。それを少し聞きかじったくらいで、「あーだ、こーだ」と評価、論評する権利など誰にもありません。

ウワサ話に加担すれば、いつかあなたもウワサ話の標的にされることになるだけ…。

ウワサ話には、うかつに近づかないほうが身のためです。

RULE 49

「陰ホメ」をする

面と向かって、
ほめるのは恥ずかしいし
それなりの技術が必要。
陰でほめるほうが簡単で
効果も高く、おススメです。

日本人にとって「ホメること」は、なかなかハードルの高い課題です。

日本では「謙遜の文化」が浸透しているので、勇気を出してホメてみても、相手がうまく受け取ってくれないと、萎えてしまうこともあるでしょう。

そこでおススメしたいのが、「陰ホメ」です。

要は本人のいないところ、「陰でほめる」のです。

これは本人のいないところで、ネガティブな話題を持ち出す「ウワサ話」の反対の行為だととらえれば、わかりやすいでしょう。

「陰ホメ」は、別の言い方をすれば「ポジティブなウワサ話」にほかなりません。

同じウワサ話をするのなら、相手のネガティブな部分に注目するのではなく、ポジティブな部分にスポットを当ててみれば良いのです。

ウワサの相手にポジティブな応援エネルギーを送ってあげることが、ウワサの対象者はもちろん、自分自身にとっても結局、「お得」になるということを忘れないようにしたいものです。

相手の良いところに気付くことができるのは、自分にも同じいいところがあるからです。

自分の中に同じものがなければ、相手と共鳴することもできませんから、相手のいいところを探すのは結局、自分の才能に気付くことにもつながるお得な行為です。

「スゴイ、ステキ、素晴らしい!」が「陰ホメ」の基本3フレーズ。

とりあえず、このフレーズを連発しておけば、間違いありません（笑）。

もちろん、できるだけ具体的にホメてあげるほうが、より効果的なので、あとは実践あるのみ。

RULE 50

今、周りにいる人こそ、ソウルメイトだと知っている

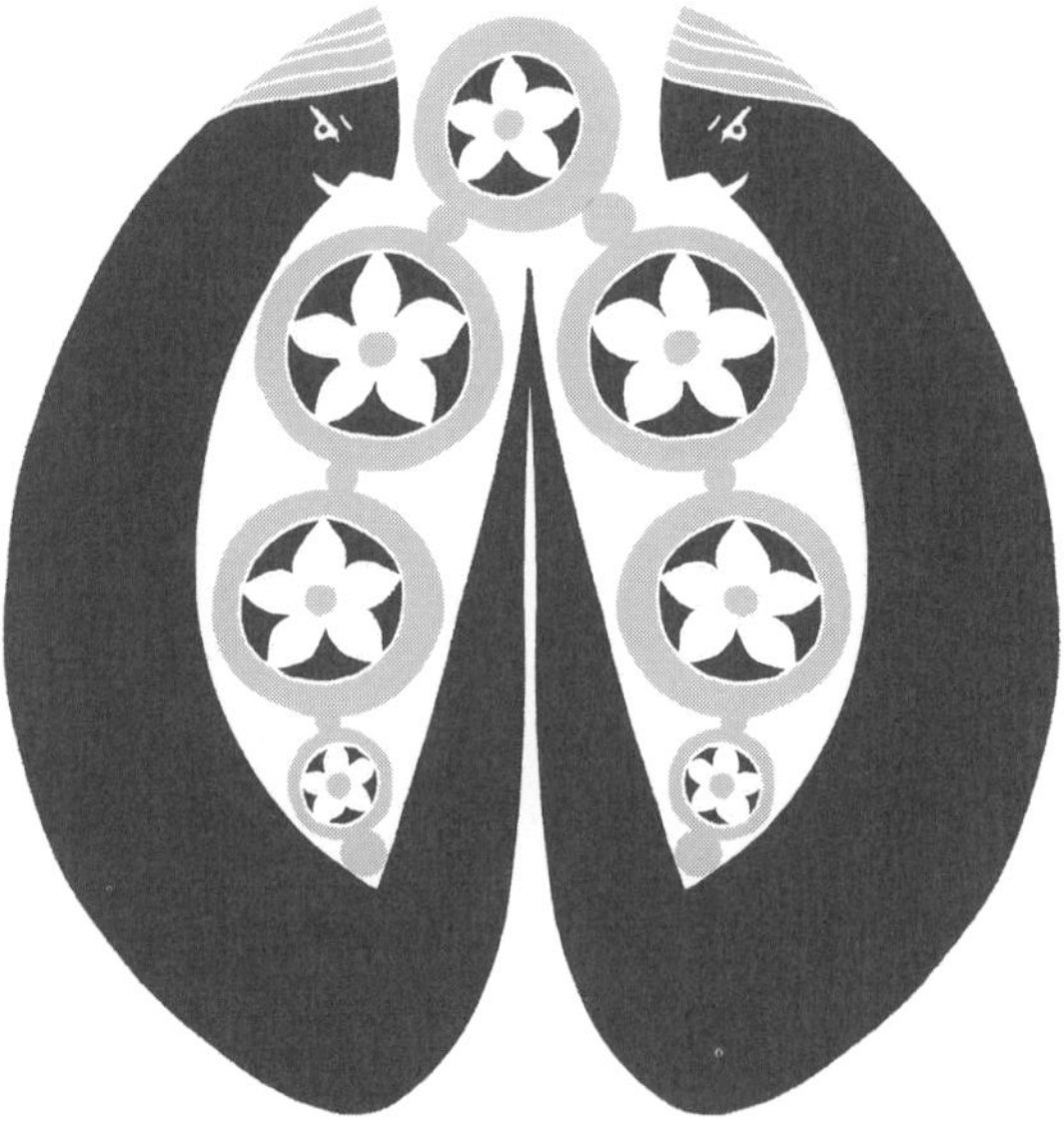

魂レベルでは、
すべての人が仲間、
「メイト」として、
つながっているのです。

「運命の人」「ソウルメイト」を探したい…、出会って結ばれたいという気持ちはわかりますが、「ソウルメイト」だけを特別視してしまうと違うものになるので、要注意です。

厳密に言えば、魂（＝ソウル）レベルでは、すべての人が仲間（＝メイト）であり、つながっていない人など、ひとりもいません。

ですから、「ソウルメイト」だけを特別扱いしたいのはアタマであって、魂ではないのです。

確かにご縁の深い相手というのは存在します。まずは両親、さらに兄弟・姉妹。長いつき合いの友人関係や職場の同僚や仲間、恋人や結婚相手などは確かに、縁の深い相手です。

しかし、そうした縁の深い相手だけが「ソウルメイト」と呼ばれるものではありません。

そうした深いご縁で結ばれた相手と出会うためには、一度切りしか出会っていないような人とのご縁が、途中にたくさんあったことを忘れてはいけません。

もしあの時、あの場所で、あの人に出会っていなければ、今目の前にいる大切な人との出会いはなかった…。

そんなご縁をつなぐ、キーマンになるような存在が、あなたの人生にも存在していたのではありませんか？

その人がいなければ、大切な人との出会いがなかったことを考えれば、その出会いを演出してくれたその人こそ、「ソウルメイト」と呼んでもおかしくないのではありませんか？

そんなふうに考えてみると、人生において出会う人すべてが「ソウルメイト」なのです。

スピリチュアル的にみても、そのほうがより適切な理解にほかなりません。

RULE 51

前世を知って、前世を癒す

前世は単なる記憶です。
ただ、その記憶を思い出し、
癒すのは前世ではなく、
現世のお仕事です。

すでに終わった過去は、「今」に何の力も与えません。しかし「今の私」が、「過去」を握っていれば、その「過去」は「今」に現実的な影響を持ちます。

過去が今に影響を与えているのではなく、過去の記憶を握っている「今の私」が、今ここで過去を創造しているといってもいいでしょう。「前世の記憶」と今回の人生との関係は、そういう感じ…。なんとなく、わかりますか？

本来、前世も終わったこと。そこには何の力もありませんし、今回のあなたは、まったく新しいバージョンのあなたなので、厳密には前世などありません。「生まれ変わり」は「私」の記憶の問題で、本来完全でパーフェクトな魂が、生まれ変わる必要などありません。

しかし、「私」が「前世の記憶」を持っている限り、私にとっての前世は存在します。

それは現世で生きていくために必要な記憶・情報であり、活用する必要があるからこそ、ワサワザ覚えているともいえるでしょう。

ですから、前世に関心があるのなら、早めに思い出してしまったほうがお得です。「関心がある」ということは「思い出したい」という合図、サインです。であるなら、退行催眠やヒプノセラピー、前世リーディングなどを受けて、前世の記憶を早めに蘇らせてあげましょう。

ただし、それがどんな前世であっても、あくまで記憶。過去のことなので、そこにとらわれては意味がありません。

「前世の記憶」を活かす場所は「今ここ」しかありません。それさえ忘れなければ、前世を探求するのも、エンターテイメントのひとつとして、気軽に楽しめばいいのです。

RULE 52

天使には気持ち良く働いてもらう

**目に見えない存在に
依存してはいけません。
三次元での主役は
あくまでこちら側。
仲良くすればいいのです。**

スピリチュアルな知恵を学んでいく過程で、必ずぶつかるのが、天使や守護霊、ガイドなどと呼ばれる目に見えない存在とのつき合い方。

チャネラーさんなどから、「あなたにはエンジェルがついてくれています」「あなたの守護霊さまは◯◯です」などと言われると、なんだか途端に自分が特別な存在になったような気がするから不思議です。

中にはエンジェルと仲良くなり過ぎて、なんでもかんでもエンジェルに相談して決めてしまうような人も現れます。

それが仮に、本当のエンジェルであったとしても、すべてをエンジェルに丸投げして、依存してしまうような関係になってしまうのは問題だと言わざるを得ません。

この三次元での主役はあくまで、こちら側。エンジェルではなく、私たち人間です。さらにエンジェルは目に見えない世界のことはわかったとしても、こちらの世界の仕組みやルールに長けているワケではありません。

エンジェルに経済の仕組みや具体的なビジネスのアドバイスを求めてみても、それは担当外なのです。

さらに本当のエンジェルなら、決してネガティブな表現はしないハズですから、結局「いいんじゃない…。思ったとおりにやれば…」というアドバイスになるハズなのです。

だって、あちらの世界からみれば、すべての経験は等しく重要で価値のあるものだから…。

エンジェルは頼りにしたり、依存するような存在ではなく、友達のように仲良くして、サポーターとして大いに働いてもらえばいいのです。

「エンジェル使いの荒い人」で、問題ナシです(笑)。

RULE 53

ときどき、インナーチャイルドを可愛がる

誰の中にも、
いくつになっても、
「子供」の部分が
残っています。

「インナーチャイルド」という言葉、ご存じでしょうか？

文字どおり、「内なる子供」、「自分の中にある子供心」という意味です。これは誰の中にも、いくつになっても、必ず「ある」ものです。

「私は大人だから、関係ないわ」なんて思っているとしたら、その考え方自体に大きな問題が隠されているかもしれません。

それは「大人になった」のではなく、単に「大人のフリ」をしているだけかもしれません。

幼子が駄々をこねると大人が慰めてくれますが、大人になって駄々をこねても誰も慰めてくれないので、自分でヨシヨシするしかありません。しかし、大人になったからといって、駄々をこねなくなったり、ワガママがなくなるワケではありません。ただ我慢強くなっているだけなのです。

「感情は感じ切ると昇華する」という宇宙のルールがあります。幼子が泣くだけ泣いたら、ケロッとしているのは感情を感じ切った証拠。

大人になるとそれができなくなって、単にフタをして抑えたり、ごまかしたり、コントロールするのがうまくなっているだけのこと。

それでは感じ切れなかった感情のエネルギーが消化できず、便秘のように内側に溜まっていくことになるだけなので要注意です。

時々、自分の中の子供の部分とキチンと向き合い、ヨシヨシしてあげましょう。

泣きたくなったら、我慢せず思い切り泣くのもいいでしょう。

私たちはそんなに「大した人」ではありません。大人だって、もっと自分にやさしく、「我が・まま」に生きてもいいのです。

RULE

54

セルフヒーリングができる

「癒す」ことと、
「癒される」ことは
同じひとつのエネルギー。
誰かに頼らず、
自分でやりましょう。

残念ながら、「癒されたい」と思っている間は、本当に癒されることはありません。

「癒してあげたい」も違います。

本当は自分が癒されたいから、「癒したい」と思うのです。

「癒しのお仕事」を志す人ほど、実は自分が「癒されたい、癒されていない」と思っています。


本当に「癒されている」と、「癒したい」とも、「癒されたい」とも思いません。

ただ、自分がその状態で「ある」と、そのエネルギーが溢れ出し、周りが勝手にそれに触れて、自然に癒されることになるのです。

「癒し手」と「癒され手」とを分けているうちは「本当の癒し」は起こりません。

それはエネルギーの綱引き、「ギブアンドテイク」をしているだけで、どちらかのエネルギーが増えれば、片方は減っているだけのことです。


自分以外の誰かからエネルギーを分けてもらうという発想や態度では、真の癒しはもたらされません。


必要なものはすべて、自分の中に「ある」のです。「自分には癒す力が備わっている」と想い出すことが、真の癒しにつながります。

あなたの中に自分を癒す力がもともと備わっているということは、他のすべての人の中にも、同じ力があるということ。

それを各自が想い出してもらうお手伝いをすることこそ、真の癒しだと私は想います。


あなたには自分を癒す力があります。

そのことを想い出し、実践することが、周りを本当に癒すことにつながります。

あなたは自分自身の癒しに責任をもてば、それでいいのです。

RULE

55

瞑想を習慣にしている

「内なる自分」と
静かに向き合う時間。
「いまここ」にいる感覚。
日常のすべてが
「瞑想タイム」です。

「瞑想」を難しく考える必要はありません。「目の前のことに一生懸命、取り組んでいる時」はすべて、「瞑想タイム」といってもいいぐらい。

坐禅を組んだり、ヨガのポーズをしてみたり、マントラを唱えるなど、自分らしい瞑想スタイルを持つのも構いませんが、そういう非日常の中にだけ、「瞑想」があるワケではありません。


「すべての答えは自分の中にある」のです。「問いと答えは同時に存在している」のです。

ですから、「答え」を自分の外に探し求めても、見つかることはありません。

確かに外側の現象は自分の内側の投影です。ですから、外側を観察することによって、内側にある「答え」を見つけるヒントにはなるでしょう。しかし、「答え」そのものは自分の外側にはありません。

そうした自分の中にある「答え」と向き合うためのひとつの手段が「瞑想」であり、そのための時間が「瞑想タイム」にほかなりません。


できるだけ、ゆったりと深い呼吸を意識して、あとは意識的にボーッとしてみましょう。

無意識にボーッとしているのは、ただなまけているだけですから要注意…（笑）。

実際、「意識的にボーッとする」ことが難しいので、形から入ったり、ポーズをとってみたり、一心不乱に言葉を唱えてみたりするのです。


日常の中では集中しておそうじをしたり、心を込めてお料理を作るのも一種の「瞑想タイム」といえるでしょう。

そういう意味では女性のほうが圧倒的に「瞑想」するチャンスが多いのです。

日常の句読点、リセットタイムとしても「瞑想」は超おススメ。「スピ女」の必須習慣です。

RULE

56

「センタリング」を知っている

何もないのにすべてがある。
右でも左でも、
上でも下でもない。
真ん中、中庸、ニュートラル。
それが「センタリング」。

「ここ」にすべてがあります。

「ここ」は一見、何もないように見えます。

人は偏っていたほうがわかりやすいので、特別なもの、際立ったこと、目立つ人に注目して、「そこ」を目指そうとしますが、探しものは「そこ」にはありません。


本当に大事なものが「そこ」にないということを確認するために、人はあえて「そこ」を目指そうとするのかもしれません。

しかし残念ながら、本当に大事なものは「そこ」ではなく、「ここ」なのです。


もう「そこ」を目指す時代ではありません。

そんなに遠回りをしなくてもよい時代です。

多くの人がそのことを感覚的に理解していますす。今はまだ、それをうまく表現してくれるフレーズや活用するためのシステムができていないだけのこと。

それももう少し…。あとは時間の問題です。


何もないのにすべてがある。

すべてがあるのに、何もないように見える。

右でも左でも、上でも下でもない。

良い悪いもないし、責めたり裁いたりもない。

どこにも所属しないし、分類されない。

やってもいいし、やらなくてもいい。

不安定だけど、自由がある。

ただ、いま、ここ。

真ん中、中庸、ニュートラル。


それが「センタリング」です。

「真ん中にいる」この感じ。あなたもきっと知っているハズ…。あとは想い出すだけです。

「センタリング」。

ぜひ、「今ここ」で想い出してみてください。

RULE 57

オーラの色は変えられる

オーラのない人なんて
ひとりもいません。
オーラの色なんて、
その時々で変わります。
たかがオーラです。

ご自分のオーラの色、ご存じですか？

オーラの色、知りたい？　気になります？

オーラは肉眼で確認できるワケではないので、見える人から、「あなたのオーラは○色です」なんて言われると、確かに気になりますよね。

気になる人はあれこれ悩んでいないで、「オーラ写真」や「オーラビデオ」を撮ってもらって、自分のオーラを確認してみましょう。そうすると、「なんだ…」と思うハズですから（笑）。


確かにその人が持つ、独自固有のエネルギーの質、個性のようなものが存在します。

そうした個人的なエネルギーの質、特徴のようなものを主に「色」として表現したものが「オーラ」です。

これは少し訓練をすれば、なんとなく見えるようになるもので、大したことではありません。

オーラがはっきり見えなくても、その人が持っている印象や雰囲気は、誰もがなんとなく感じているもの。

その「なんとなくの感じ」こそ、実はオーラそのものだったりするのです。

ですから、「見える、見えない、色は何？」と大騒ぎするほどのものではありません。


私は昔、オーラ測定機を所有していたことがあって、自分でもずいぶんいろいろ試しました。

その結果、わかったことは、意識次第でオーラの色は変えられるということ。

確かに普段の色はある程度決まっていますが、意識的にエネルギーを操れば、何色にでも変化させることが可能ですし、他人のオーラの色も変えられることを実感・体験しました。

エネルギーは常に揺れ動いているのですから、ある意味、それも当然。それでもまだあなたは、オーラの色が気になりますか？

RULE

58

スプーン曲げなんて、カンタン！

「スプーン曲げて、
どうするの？」
曲げてみたければ、
サッサと体験したほうが
スッキリしますよ。

一時一世を風靡した感のある「スプーン曲げ」。実際にテレビの前で超能力者と共に、挑戦したことを覚えている方も多いでしょう。「スプーン曲げ」に関しても賛否両論があると思いますが、「たかがスプーン曲げ、されどスプーン曲げ」です。

本当に「曲げてみたい！」と思うのなら、曲げられるように訓練したり、その手のセミナーに参加してみたりするのも良いと思います。「スプーン曲げ」を目的とした、そんな怪しいセミナーもあるのです。実際、昔は私も主催したりもしていましたし…（笑）。

たくさんの方と一緒に「スプーン曲げ」を体験してわかったことは誰にでもスプーンは曲げられるということ。

これは自転車に乗ったり、逆上がりの練習をするのと同じようなもので、曲げるだけなら、誰でも少し練習すれば、できるようになります。

ですから、「本当かな？」と信じられない人や「自分でも曲げてみたい」と強く思っている人は四の五の言わず、体験してみることをおススメします。実際に味わってしまうと、「なんだ、こんなもの…」と思うでしょうから（笑）。

スプーンを曲げるのは、意識の使い方と力の使い方を学ぶこと。

「絶対、曲げたい」も、「曲がるハズがない」も、どちらもうまく曲がりません。

また最初は少し力を添えてやること。これも大事。見ているだけでスプーンを曲げてしまうような大技は訓練を積んだ上級者の技です。

その辺り、「まぁ、どっちでもいいか〜」とゆったりした気持ちで、素直に指示に従っていただくと、ほぼ100%曲がります。

あなたもスプーン、曲げてみたいですか？

RULE 59

超能力に恋しない

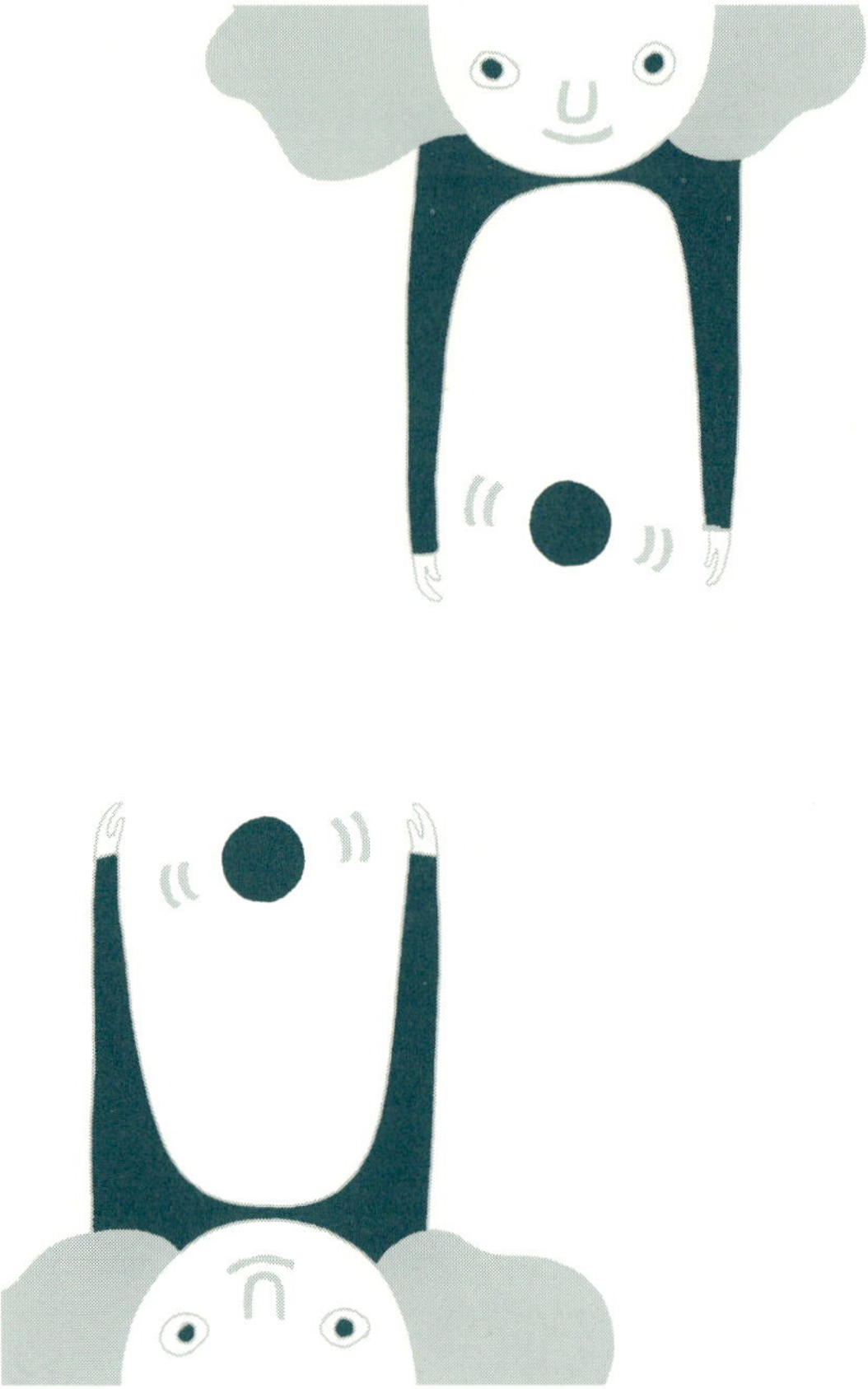

この世界は不思議だらけ。
科学で解明されていること
なんて、ほんの一部…。
不思議な現象は
おもしろがるに限ります。

スピリチュアルな世界を探求していくと、いろいろな超常現象や超能力に遭遇します。

確かに中にはインチキ臭いものも含まれます。

しかし、本当に超能力としか思えないようなものとも遭遇するでしょう。

自らの常識を覆すような現象を目の当たりにすると、思わずその現象を起こした人を崇拝したくなりますが、そこは要注意。

超能力と人格とは必ずしも比例するワケではありません。

超能力をアタマから否定するのもどうかと思いますが、同様にそれを盲目的に信じ切って、恋に落ちてしまうのも、いかがなものかと思います。超能力はおもしろがるに限ります。

超能力に恋しないこと。

恋してしまうと、「あばたもエクボ」で、超能力者全部がステキに見えてしまいます。


しかし、それがどんな超能力であっても、それを使っているのが人間である限り、本質的に私たちとちっとも変わりはありません。

超能力は「走るのが速い」「歌がうまい」などと同じように、ひとつの才能に過ぎません。

「走るのが速いから、全部好き」となるのはおかしいでしょう。それと同じことに過ぎません。

超能力に遭遇した時の正しい作法は、「スゲェー!」「びっくり!」と素直に驚き、おもしろがること。

そして、「自分にもできるかも」「やってみたいな」と思うこと。これが大切です。

あなたと超能力者とは同じ人間。「違い」はあっても「差」はありません。そこに勝手に「差」をつけてしまうから、おかしくなるのです。

「この人にできるのなら、私にもできるかも…」

そう思わせる人こそ、真の超能力者の証です。

RULE 60

「見える、聞こえる」を特別視しない

見えたり、聞こえたり…。
それは何も特別なことでは
ありません。
あなたもちゃんと見えたり、
聞こえたりしているでしょう。

この世には目に見えないものが見えたり、聞こえない音や声が聞こえる人が、確かに存在します。

見えている人はリアルに見えていますし、聞こえている人にはちゃんと聞こえているのですから、それが「見えない、聞こえない」ということが理解できないのも無理はありません。

それはどちらが良いとか悪いとか、優れているとか劣っているとか、そういう問題ではなく、個性や才能、特徴の違いに過ぎません。

「見えたり、聞こえたり」するのが当たり前の人にとって、それは特別なことでもなんでもありません。私たちが肉眼で見えている世界を盲目の方に説明しているのと同じようなもの。

それを「特別扱い」してしまうのは、あくまでこちら側、周りの人々の問題です。

さらに私たちは自分たちの見ている世界を見たいように見ています。目の前にあっても気付かないこともあれば、部屋の片隅のあるものを目ざとく見つけることもあるでしょう。

目に見えない世界が「見えている人」も、これと全く同じ。

自分の見たいように「目に見えない世界」を見ているだけなので、それが全体を適切に表現しているとは限りません。

どんな世界を見ていても、結局それを解釈し、判断しているのは「私」なのです。

そこに「私」がいる限り、すべてに「私」というフィルターがかかっているのですから、「絶対的な真実」はあり得ません。

あちら側が「見える、聞こえる」人に対しては、特別視せず、「なるほど…、あなたにはそんなふうに見えて（聞こえて）いるのですね」という冷静な態度で接しましょう。

RULE 61

チャネラーと友達になる

**チャネラーさんとは
チャネリングしていない時、
楽しくおつき合い
できるかどうかが
大事なポイント。**

「チャネリング」とは「チャンネルを合わす」という意味で、スピリチュアルな業界では、「目に見えない存在との交信」を意味します。

「チャネラー」とは、「目に見えない存在と交信する人」のことで、その能力を使って、第三者の相談に答えたり、悩みを解決することをお仕事にされている方も増えてきているようです。

　地域によっては、「ユタ」や「イタコ」とも呼ばれ、主に死者との交信を司っていたようですが、最近の「チャネラー」は、「神・大いなる存在・宇宙人・守護霊」などの高次元の存在と「チャネル（＝交信）」して、その情報を伝えるようになってきている辺りが「今風」です。

　巷にはいろんな「チャネラー」さんがいますし、それぞれに言っていることが違ったりして、困惑してしまうこともあるでしょう。

　そんな時の見極めポイントをひとつ…。


　その「チャネラー」さんが「素」の状態の時を観察すること。

「チャネル」していない時の「チャネラー」さんが「いい感じ」かどうか、普通にお茶したり、お友達としておつき合いしたい相手かどうかで判断すると間違いありません。

「チャネラー」さんも、チャネってない時はただの人。その素の状態が、「チャネリ先」を決めることになるのです。

　ですから、普段の「いい感じ度」で見極めれば間違いありません。

　高次の存在になればなるほど、そのメッセージは「明るい。自由。決め付けない。指図しない。脅かさない」が徹底されます。

「当たる、当たらない」だけで判断していると大変な目にあう可能性もあるので、要注意です。

RULE 62

「審神者」の読み方・役割を知っている

**本来、「巫子」と「審神者」は
ワンセット。
メッセージを伝える人と
使えるように編集してくれる人は
別々です。**

「審神者」という言葉をご存じでしょうか？

これは「サニワ」と読みます。

「審神者」とは「霊的な仕分け人」のこと。

目に見えない世界からの情報を伝えるのが、いわゆる「巫子」「霊媒」「チャネラー」と呼ばれるのに対して、そのメッセージの信ぴょう性や有効性、あるいは相談者に対してよりわかりやすく理解できるように編集加工してくれる役割を担当するのが、「審神者（サニワ）」です。


チャネラーの感度が上がれば上がるほど、つながった世界の情報をそのままストレートに降ろしてきます。

その情報をこの三次元にそのまま伝えようとしても無理があります。

適当な言葉が見つからないこともあるでしょうし、見たことをそのまま伝えるのが、本当に相談者にとって良いことかどうかの判断も難しいところがあります。

極端な例ですが、未来を確実に見通すことができるチャネラーなら、競馬や宝くじを当てることもできるハズ…。

しかしそんなことを好き勝手にしてしまったら、この世が混乱するだけなので、ある程度の規制やルール化が必要になるワケです。

その役目を負うのが「審神者」なのです。


現代は「チャネラー」ばかりにスポットが当たり、「サニワ」の存在や役割が軽んじられていますが、よいチャネラーには、よいサニワの存在が欠かせません。

まさに二人でひとつ、本来セットでお仕事をすべきものなのです。

江原さんと美輪さんのコンビなども、まさしく「巫子」と「審神者」そのもの。だから、あんなに人気があったのかもしれませんね。

RULE 63

「導管」や「標識」を奉らない

メッセンジャーは「導管」。
メッセージは「標識」。
それ自体には
特別な価値はありません。

真のチャネラーや霊的なリーダーが伝えてくれる情報は、私たちの気付きやスピリチュアルレベルでの成長を促し、人生の方向性を指し示してくれる貴重なメッセージです。

しかし、いくら素晴らしいメッセージを伝えてくれるからといって、その人自体を「神」と崇めたり、奉ってしまうと違うものになります。

メッセージを伝えてくれるメッセンジャーはとてもありがたい存在で、感謝や敬意をもって接することは大切ですが、決して特別視するようなものではありません。

そもそも、メッセージとは「標識」です。それを伝えてくれるメッセンジャーは「導管」です。

「標識」や「導管」を奉ったり、拝んだり、崇拝する姿を見て、おかしいと思いませんか？

どちらに行けばいいのかを教えてくれる「標識」は本当にありがたく、心強いものです。しかし「標識」は、ただ眺めていても意味がありません。

自分の足で山を歩いてみて、初めて「標識」のありがたみがわかるのです。

命の水を運んでくれる「導管」はとても重要です。

しかし、「導管」自体に価値があるのではなく、大切なことは「導管」が運んでくれる中身、命の水のほうです。中身が伴ってこそ初めて、「導管」の価値も高まるのです。

中身そのものより、「導管」のほうが目立ってしまうのは、ある意味、中身が伴っていない証拠だといえるかもしれません。

もう、「標識」や「導管」を奉っているような時代ではありません。それらはあくまで、気付きのための「道具（ツール）」です。

すべての道具は、「使ってナンボ」の世界です。

RULE 64

アセンションに期待しない

２０１２年１２月。
何が起こっても、
起こらなくても、
どっちでも、
いいんじゃないですか。

「アセンション」は、次元上昇という意味です。

スピリチュアル業界ではずいぶん前から、その存在がウワサになっていましたが、あと2年。確実にカウントダウンに入りました。

ただ「1999年9の月」で有名になった「ノストラダムスの大予言」の時もそうでしたが、騒ぎ過ぎるとロクなことがありません。

何があってもなくても、ただ淡々と日々幸せに暮らしていれば、次元が上がろうが下がろうが、ほとんど関係ありません（笑）。

この手の話に期待してはいけません。

期待は必ず裏切られることになります。

ある意味、期待とは裏切られるために存在するようなもの…。すべての状況を自分の思いどおりに支配し、コントロールしようという思いの表れですから、もうその時点ですでにズレています。

確かに世界は、何が起きてもおかしくないような状況ですが、だからこそ、起きてきた現象に良い・悪いをつけず、ただ淡々と自分らしく素直に生きていくことが大切です。

寿命がくれば、誰もが「アセンション」するのです。肉体を持って生きている限り、誰もがいつか「その日」を迎えるのです。

だからこそ、いつ「その日」が訪れてもいいように日々、悔いのないように生ききるだけ。

2012年12月21日、冬至の日前後。

その辺りを境にエネルギーのシフトがピークを迎えることになるようです。ここがある意味、未来へのポイント切り替えの最終地点。どこへ向かう列車に乗るのかを決めるタイムリミット。ここから先は個々に、目的地別に乗る列車が分かれてしまうことになりそうです。

さて、あなたはどこ行きの列車に乗りますか。

RULE 65

UFOに感謝する

「UFO（未確認飛行物体）」は
円盤型をしているとは
限りません。
あの雲…、実はUFOかも
しれませんよ（笑）。

あるセミナーで、「UFOを見たことのある人、手を上げて」という質問をしたら、手を上げた方はパラパラ…。でも、これは勘違い。ほとんどの人はすでにUFOを目撃しています。

UFO＝円盤と思い込んでいるので、見たことがないと思っているだけ…。UFOは円盤型だけではなく、実にさまざまな形をして、空に浮かんでいるのです。

あなたが空を見上げて、「なんだか変わった雲だな」と、ある雲に心惹かれた場合、その雲は大抵、UFOだったりするのです。

あなたはすでにUFOを目撃しているのに、ただ気付いていなかっただけかもしれません。

空を見上げて、「もしかして」とか「ひょっとすると」と思ったら、それは大抵UFOです。

今は人間の意識レベルが上がってきているので、UFOも昔と比べると、ずいぶん姿を現しやすい条件が整ってきているのだとか…。

近い将来、「これぞUFO」というものが拝めるようになるかもしれません。

そのために大事なことは、ただひとつ…。

UFOらしきものを見かけたら、「姿を見せてくださって、ありがとうございます」と感謝すること。

これをくり返していれば、UFOとの遭遇率は飛躍的にアップします。

実際、雲の形をしたUFOは本当にとってもきれいで、思わず見とれてしまうほど…。

だからこそ、「ああ、きれいだな。ありがたいな」と感謝することで、目撃率が格段にアップするのです。

多くの人がUFOに感謝できるようになった時、それがUFOが公に姿を現してくれる準備が整った合図になるかもしれません。

RULE 66

トンデモ話も、おもしろがる

決めつけない。

しがみつかない。

執着しない。

「まぁ、いろいろあるよね」

で楽しみましょう。

スピリチュアルな世界といっても、その領域は極めて広く奥深いもの。

何せ「目に見えない世界」を扱っているので、どこからどこまで…とはっきり境界線を引くことはできません。

チャネリングやヒーリングなどのエネルギーワーク系から、ヒプノセラピー（退行催眠）や誘導瞑想のイメージワーク系、成功哲学やマインドマップなどのビジネス系、気功、ヨガ、整体やアロマテラピー、リフレクソロジーなどのボディワーク系、ホメオパシーやバッチフラワーなどのホリスティック医学系、マクロビオティックや断食、正食などのフード系、ディープエコロジーや有機農法などの環境系、オーパーツや古文書、フリーエネルギーや宇宙人、地底人などの歴史・トンデモ系など、まさに百花繚乱です。

それぞれに興味のある分野から入ればいいのですが、結論を言ってしまうと、どの分野であっても、それを極めた先にあるものは同じです。

なので安心して、好きなところから始めてください。そしてどこから入っても構いませんが、真理を探究するという姿勢だけは忘れないこと。真理を求める道を歩み続けると決めること。

この二つさえ忘れなければ、大丈夫です。

トンデモ話を否定するものではありません。にわかに信じ難い陰謀説などが飛び出してきても、そうかもしれませんし、そうではないかもしれないだけです。

これは「へぇ〜そうなの？」とおもしろがるに限ります。

わからないことはわからないで、いいのです。この世界は不思議に満ちている「ワンダーランド」。だから、おもしろいのです。

RULE 67

「死後の世界」より、「今、目の前のこと」が大事

**「死んだあと」のことは
死んでから考えましょう。
生きている間は、
生きることに集中して…。**

「死後の世界」や「あの世の話」は興味を惹かれるテーマです。真面目に勉強してみたり、自分なりの仮説を立ててみるのもいいでしょう。

しかし、死後の世界の本当のことなんて、わかりません。

たとえ臨死体験した方の体験談を聞いたとしても、その人は死んだワケではないので、本当に死んだあと、どうなるのかなんて、生きている限り誰にもわかりっこないのです。

死んだあとのことは死んでから、ゆっくり考えればいいのです。死んでしまったのですから、時間はたっぷりあるハズです。たぶん…（笑）。

生きている時に命を輝かすことに一生懸命にならないで、どうするというのでしょうか。

私たちは生きているのではなく、「生かされている」のです。自分の意志で心臓を停めたり、動かしたりすることができないのがその証。

ですから、生かされている間は精一杯、命を輝かすことに打ち込むべきです。それが生かされている者としての務め、責任です。

人は病気や事故で亡くなるのではありません。すべての人は寿命がきて、あちらの世界に還るのです。「寿命」は「命の寿」、お祝いです。お祝いの、その時まで目の前のことに一生懸命打ち込んで、精一杯生きること。

命のエネルギーを自分らしく輝かすこと。

それが生かされている私たちに与えられた共通の使命です。

「今、目の前にあること」が、あなたのすべきこと。それ以上に大事なことなんてありません。「死後の世界」を心配しているヒマがあれば、トイレそうじでもしたほうが、よほどスピリチュアルな生き方につながると私は想います。

RULE 68

不要な思いを手放して、次元を上げる

次元を上げるためには
足し算ではなく、引き算。
どれだけ手放して、
軽くなれるかが
ポイントです。

アセンションとは「次元上昇」。次元を上昇するためにはどうすればいいのでしょうか？「もっと人格を磨く？」「もっと学んで賢くなる？」「成功者になる？」。どれも残念……。

次元を上げるために必要なことは、今のあなたに足りないものをつけ加えていく「足し算」ではなく、今のあなたが抱えている不要なものを手放す「引き算」がポイントになります。

上昇するとは、軽くなること。
軽くなるとは、明るくなること。
明るく軽くなるためには、手放すこと。
執着から自らを解放し、自由になることです。

軽いは「Light」。最も軽いものの象徴が「光」。つまり、「Light」。軽くなって、光のように輝くと「明るく」なるので、これも「Light」。

つまり、明るく軽く光のように、「Light」な存在になることこそ、次元を上昇するためのコツになるのです。

そのためにはドンドン手放していくことです。世間の常識や「ねばならない」という観念や価値観、お金やモノ、人に対する執着やしがらみなどはすべて、あなたが軽くなることを阻む重りのようなものにほかなりません。

もちろんこの三次元で生きていくために、そうした人間らしい欲望も必要な要素ではありますが、そこに縛られるのではなく、いつでも手放せる自由や軽さが求められているのです。

次元が上がるとは、自由度が拡大すること。「自分だけ」という「エゴ」をどこまで手放すことができるかがアセンションのポイント。

そのために「良い・悪いをつけない。自分を責めない、他人を裁かない」を実践しましょう。

RULE 69 地球と仲良くする

宇宙だけでなく、
私たちはこの地球とも
ちゃんと、
つながっています。

宇宙など高次元の存在とつながることをチャネリングと呼びますが、スピリチュアルに生きるということは「上」とつながればそれでいい…というものではありません。

少なくとも私たちがこの世界で、肉体をもって生きている限りは、「上」とだけつながってみても仕方ありません。幽霊と私たち人間との決定的な違いは「足」があるかないかです。

「足」、つまり具体的に行動することこそ、この世で肉体をもって生きていくために必要不可欠な条件であり、人として最も大事な使命でもあるのです。

大地や地球とつながることを「グランディング」といいます。キチンとグランディングできているかどうかが、本当にスピリチュアルに生きている人かどうかを見極めるポイントです。

グランディングするとは、フツーのことを大切に、日々丁寧に生きているかどうかです。

目の前の人やモノ、仕事や家事などの日常に心を込めて当たっているかどうかです。

本当に地球とつながれば、地球も自分の一部ですから、そこに必要以上に負荷をかけたり、汚したりするような行為はできなくなるハズ…。

キチンとグランディングできていれば、あえてエコロジーとか、「地球にやさしい」などと声高に唱える必要もなくなるでしょう。

私たちと地球は「フラクタル（相似象）」な関係。大の仲良しです。

ゆえに身体の汚れは、地球の汚れ。心の荒廃は地球環境の荒廃につながります。

まずは私たちにできること。自分の心と身体に責任をもってクリーニングするところから、「地球と仲良く」は始まるのです。

RULE 70

「シンクロニシティ」は宇宙からのメッセージだと知っている

「意味のある偶然」が
「シンクロニシティ」。
残念ながら、
「意味のない偶然」など
存在しません。

「タイミングのルール」のところで説明したとおり、この世に「意味のない偶然」など存在していません。そう、この世に本来「偶然」などないのです。

それは「偶然の顔をした必然」に過ぎず、意味のない現象などひとつもありません。

すべての現象は、宇宙からのメッセージにほかなりません。

しかし、すべての現象にメッセージがあるからといって、その意味をひとつずつ解明する必要はありません。そんなことをしているほど、人生は長くありません。

「偶然はない」「意味がある」ということさえ、わかっていれば十分です。

アタマは一生懸命、意味を考えたり、意味づけしようとしますが、宇宙の壮大なメッセージを私たちの小さなアタマですべて理解しようなど思うこと自体、おこがましいこと。

意味など考えなくても、意味を知る必要のある時がくれば、自然と意味はわかります。

私たちにできることは、自分の身に起こった出来事や現象に対して文句を言ったり、評価・論評したり、意味づけすることではなく、その現象をあるがままに受け容れ、しっかりと味わうこと。ただ、それだけです。

もちろん、あなたが今ここでこの本を読んでいることも、決して偶然ではありません。

それは今があなたにとって、この本を読むベストタイミングだったということです。

その上で最も大事なことは、これから具体的にどう動くか…、本を読み終えたあと、どんな行動を起こすのかということです。

意味を考えるのは、動いた「後づけ」で十分ですから…。

epilogue
エピローグ

「スピ女のルール」、いかがでしたか？

「知っている。実践している。予想どおり…」というものもあったでしょうし、「エッ、そうなの？　知らなかった…。本当？」という項目もあったのではないでしょうか？

本書は「スピ女のルール」ということでまとめてみましたが、実は「真のスピリチュアルイズム」に「ルール」など存在しませんし、「ルール化」できるようなものでもありません。

ですから、この「ルール」はあくまで最初のお手本、入り口に過ぎません。

あなたは、「守・破・離」という言葉を聞いたことがあるでしょうか？

主に武道などを習得する時の心構えを段階的に説いた言葉で、まず「守」とは「教えを守ること。ルール化して覚えること」です。「言われたことを言われたとおりに、身体が覚えるまで、くり返し練習する」。基礎・土台作りの段階です。

次の「破」とは「教えてもらった型を破り、自分らしくアレンジしていく」という段階。

教えられたことを教えられたまま、ずっとやっていてはその「師」を超えることは決してできません。ですから、基礎ができたら、今度はそれに自分らしさを加えていく工夫が求められるワケです。

最後の「離」とは文字どおり、「卒業」。「離れていく、自立する」ということです。

自分の「型」を確立し、自分らしく在り続けるために、「師」の元を離れ、今度は自分が教える側、伝える側に廻る覚悟をする段階だということです。

この「守・破・離」のプロセスは武道に限らず、あらゆる現象に通じる真理だといえるでしょう。

「真のスピリチュアルイズム」の探求も、まさしくこの「守・破・離」のプロセスそのものです。最初は「モノマネ」で構いません。誰かを、何かをお手本にして、マネることから学びが始まるのです。その場合は、やはり「ルール化」してあるほうがわかりやすいので、本書もあえて、そのスタイルを採用してみました。

しかし、この「ルール」が「絶対、正しい」だとか、「これしかない」などと主張するつもりは全くありません。これらの「ルール」はあくまで私がまとめたものなので、私にとっては有効でも、それがそっくりあなたに当てはまるとは限りません。

さらに今はこれらのルールを採用していますが、それが未来永劫変わらないなどと保証することもできません。これは現実点での私のひとつの見方を「ルール化」しただけで、宇宙的に正しいかどうかを保証することはできません。

そんないい加減な態度でいいのか…と、あなたは想うかもしれません。

それに対して、私はあえて「それでいいのだ…」と答えたい…。

これが「私の（今の）スタイルだ」ということさえ、責任をもって言えれば、それでいいのだと想います。私には私のスタイルがあるように、あなたにはあなたのスタイルがあるのです。そこに正解や間違いはありません。そこにあるのは「差」ではなく、個性の「違い」に過ぎないのですから、あなたはあなたの想ったようにやればいいのです。


「目に見えない世界」のことは、あなたの内面にある領域です。

これればかりはあなたが自分でやらないと、他人ではどうしようもないのです。

あなたが自分で「素（モト）」と「直（ジカ）」につながること。これしかありません。

その状態を「素直」というのです。そう、あなたが「いい」と想ったことは取り入れ、「ピン！」とこなかったものはパスすれば、それでいいのです。それが素直です。


もう自分以外の誰かを、何かを経由している場合ではありません。

そうしている限り、人生が本当にうまくいくことはありませんし、「真のスピリチュアルイズム」に辿り着くことも決してありません。

あなたが自分でやらない限り、誰も代わりにやってくれない…、それがスピリチュアルな世界の探求なのです。

この本があなたの「真のスピリチュアルな世界への探求」のキッカケ、最初の一歩になってくれれば、著者としてこれほどうれしく、在り難いことはありません。本当に死んでもいいくらい、うれしいことで、まさに本望です（笑）。


私とあなたは、この本を通じて、確かにつながっています。

私とあなたは他人などではありません。素（モト）は同じ光の存在であり、この時代をワザワザ狙って生まれてきた「ライトワーカー（光の仕事人）」の仲間にほかなりません。

でなければ、今ここで、この本と出会うハズはありません。


今こそ、「ライトワーカー」としての「本当の仕事」を想い出す時です。

あなたがあなたらしく、生ききること。

あなたが「スピ女」として、イキイキと輝いて生きること。

それがこの時代に生まれてきた、「ライトワーカー」としてのあなたの「本当の仕事」です。

この世界を変えていくのは、ズバリ！「スピ女」のあなたです。

さぁ、お楽しみはこれから…です。


新緑の萌える初夏の軽井沢にて…。

はづき　虹映　拝

【著者】

はづき 虹映《こうえい》

有限会社「いまじん」代表取締役。

兵庫県西宮市生まれ。関西学院大学・経済学部卒業。

大手百貨店にて販売促進業務を担当。輝かしい実績を上げて、独立。

広告代理店・企画会社を経営し、順調に業績を伸ばすが、1995年の阪神・淡路大震災をきっかけに「こころ」の世界に目覚め、主にスピリチュアルな分野を中心に研鑽と実践を積み重ねる。1999年頃より、自然に人が集まり始め、講演や勉強会などを主催し始める。

中でも古代ユダヤの智慧と呼ばれる「カバラ数秘術」を元に、大胆な独自の編集を加えた、運命診断法として、「誕生数秘学（誕生日占い）©」を確立。1万人以上の個人診断カルテを作成し、著作シリーズは55万部を超え、「コワいほど当たる」と話題に…。

のちに「(社)日本誕生数秘学協会」を設立し、プロカウンセラーの育成・指導にも力を注ぎ、すでに200名以上の有資格者が全国で活動中。

現在は経営コンサルタント業と並行して、主に「占い」「スピリチュアル」な分野を中心に、精力的に執筆活動に励んでいる。

『2週間で一生が変わる魔法の言葉』『運命の波にのる魔法のクセ』（きこ書房）『お金に愛される魔法のお財布』（永岡書店）『誕生日占い』（中経出版）など、数多くのベストセラーを生み出し、著作の累計は80万部を超えるベストセラー作家でもある。(2010年6月現在)

■ はづき虹映・オフィシャルサイト　http://hazuki-kouei.com/
■ はづき虹映 blog　http://ameblo.jp/hazuki-kouei/

幸運が一生続く　スピリチュアル女子のルール

2010年8月30日　初版1刷発行

著　者	はづき虹映
発行人	川口　徹
編集人	松隈勝之
発行所	きこ書房 〒163-0264 東京都新宿区西新宿2-6-1 新宿住友ビル22階 電話 03 (3343) 5364 ホームページ　http://www.kikoshobo.com
カバー・デザイン	井上新八
カバー・本文イラスト	大野　舞（Denali）
本文デザイン	佐藤千恵
編　集	谷　英樹
印刷・製本	株式会社シナノ

©Kouei Hazuki 2010　ISBN978-4-87771-265-5　C0030
落丁・乱丁本はお取り替えいたします。　Printed in Japan